WULFING VON ROHR

Engel im Horoskop

WULFING VON ROHR

Engel im Horoskop

Mit den zwölf Tierkreisengeln
und ihren Botschaften

CHIRON VERLAG

Der Autor

Wulfing von Rohr ist Sachbuchautor (u.a. Die Kraft der Engel, Die Horoskopuhr), Seminarleiter und einer der führenden deutschsprachigen Fachleute für Spiritualität, Astrologie und Engel.

Deutsche Erstausgabe

ISBN 978-3-89997-222-1
© der deutsche Ausgabe Chiron Verlag Tübingen, 2013

Gedruckt in der Tschechischen Republik
Umschlag: Judith Hamann, Tübingen

Zu beziehen im Buchhandel oder über:
Chiron Verlag, Postfach 1250, D-72002 Tübingen
www.chironverlag.com

Inhalt

Die Engel sprechen zu dir!

Der Engel Gottes soll zu allen Zeiten
Auf allen Wegen Dich geleiten.
— Hausinschift

Das Dasein eines Schöpfers zu leugnen,
ist größerer Unsinn als der finsterste Aberglaube.
— Gottfried Keller, Eine Nacht auf dem Uto

Wundersame Erlebnisse über eine unerwartete Errettung aus höchster Not, übernatürliches Eingreifen in ein menschliches Schicksal, um Gefahr abzuwenden, Führung in Zeiten der geistigen Verwirrung, das Empfinden, dass eine höhere Kraft um einen Menschen ist, überirdisches Leuchten und andere Lichterscheinungen, weißgekleidete himmlische Gestalten, die in Träumen, Visionen oder sogar mit offenen Augen zu sehen sind – all das legt vielen Menschen aufgrund ihrer eigenen Erfahrung nahe, dass es Geistwesen gibt, die man meist als Engel bezeichnet.

Wir könnten sagen:

> *Engel sind Manifestationen des Lichts, das*
> *uns erschafft und erhält.*

Die Bedeutung des Wortes Engel

Was bedeutet das Wort Engel eigentlich? Im Sanskrit findet man das Wort *angiras* = göttlicher Geist, im Griechischen bezeichnet das Wort *angelos* einen Boten und im Persischen bedeutet das Wort *angaros* soviel wie Kurier. Ein Engel ist also so etwas wie ein Götterbote. Übrigens spricht man von Engeln immer im geschlechtsneutralen Sinn; Engel sind weder männlich noch weiblich.

Was sagen die Weltreligionen zu Engeln?

Alle Weltreligionen sprechen über Engel, der Hinduismus, das Judentum, das Christentum, der Islam, um nur einige zu nennen. Sogar im Buddhismus gibt es Geistwesen, die in höheren Sphären wohnen und wirken, die man mit unserer Vorstellung von Engeln vergleichen könnte.

Engel stehen in mancher Hinsicht irgendwie über uns Menschen; sie alle unterstehen Gott – sogar die angeblich gefallenen Engel. Sie sind Lichtwesen, die nicht an den plumpen Körper gebunden sind; sie sind unabhängig von Zeit und Raum; sie können viele Dinge, die wir Menschen nicht können.

Andererseits stehen wir Menschen aber auch über den Engeln – auch wenn es auf der Erde meistens überhaupt nicht danach aussieht. Denn vor dem von Gott gemachten Menschen sollten sich alle Engel verneigen, wie es in der jüdischen, christlichen und islamischen Theologie heißt. Der Grund: Gott hatte den Menschen sich zum Bilde geschaffen und ihm den eigenen Lebensimpuls eingeblasen sowie ihn mit dem freien Willen ausgestattet (auch wenn gerade dieser freie Wille ein oft zweifelhaftes Geschenk darstellt). Nur der später vermeintlich gefallene oder schwarze Engel Lichtträger Luzifer (bzw. Iblis, wie er im Koran heißt) weigerte sich, sich vor dem kleinen, unbedeutenden und seines göttlichen Lichtes unbewussten Menschengeschöpf zu verneigen.

In der Bibel werden Engel oft erwähnt. Hier eine kleine Auswahl.

Jakob träumt zunächst von den Engeln:
Und siehe, eine Leiter stand auf Erden,
die rühret mit der Spitze an den Himmel,
und siehe, die Engel Gottes stiegen dran
auf und nieder. Und der HERR stand oben
drauf und sprach: Ich bin der HERR.
(1Mo 28,12–13)

Später begegnet Jakob Engeln:
Jakob zog aber seinen Weg und es begeg-
neten ihm die Engel Gottes. Und da er
sie sah, sprach er: Es sind Gottes Heere.
(1Mo 32,2)

Die vermutlich berühmteste Engelerscheinung der Bibel ist jene, die Moses in der Wüste erlebt:

> *Und der Engel des HERRN erschien ihm in einer feurigen Flamme aus dem Busch. Und er sah, dass der Busch mit Feuer brannte und ward doch nicht verzehret. ... (Da) rief ihm Gott aus dem Busch und sprach: Mose, Mose. Er antwortete: Hier bin ich. ... Ich bin der GOTT Deines Vaters ... Und Mose verhüllte sein Angesicht, denn er fürchtete sich, Gott anzuschauen.* (2Mo 3,2–6)

Der Erzengel Gabriel erscheint Maria, um ihr die bevorstehende Geburt Jesu zu verkünden, der zum Träger der Christuskraft werden sollte. Engel teilen den Hirten auf dem Felde mit, dass Jesu geboren wird.

Und es ist wiederum ein Engel, der nach der Kreuzigung Jesu erscheint:

> *Und siehe, es geschah ein großes Erdbeben. Denn der Engel des HERRN kam vom Himmel herab und trat hinzu und wälzte den Stein von der Tür und setzte sich drauf. Und seine Gestalt war wie der Blitz und sein Kleid weiß wie Schnee. Die Hüter aber erschraken vor Furcht und wurden, als wären sie tot. Aber der Engel antwortete und sprach zu den Frauen: Fürchtet euch nicht.* (Mt 28,2–5)

Die Apostelgeschichte berichtet ebenfalls von Engels-
erscheinungen. Engel spielen in der Johannes-Offen-
barung ebenfalls eine zentrale Rolle. Allen biblischen
Engelberichten ist gleich, dass die Engel immer unter
direkter Anweisung Gottes agieren, um seinen Willen
auszuführen.

Auch der Schamanismus und die Naturreligionen
kennen Geistwesen, die gleichzeitig mit uns existie-
ren, wenn auch meistens unsichtbar. Engel werden
wie andere höhere Geistwesen (die also höher stehen als Gnome und Elfen, Waldgeister und Pflanzen-
Devas) meistens als strahlende Lichtwesen erlebt, die
weiß oder golden leuchten, die aber nicht nur Licht,
sondern vor allem Harmonie, Kraft und Liebe aus-
strahlen.

Eines steht für sicher achtzig Prozent der Weltbe-
völkerung – so eine neuere Erhebung – auf jeden Fall
fest: Engel sind viel mehr als nur poetische Erfindun-
gen oder eigene Projektionen. Es gibt diese Lichtwesen wirklich.

Früher hatte man Engel in viele Kategorien zu un-
terteilen versucht: Erzengel und «normale» Engel,
Cherubim und Seraphim, Schutz- und Strafengel, Engel, die um Gottes Thron sind und nur Gottes Lob
singen und ihn preisen, und solche, die sich um die
irdischen Dinge zu kümmern hatten. Nicht umsonst
sprach man von den himmlischen Heerscharen. Mit

bloßen körperlichen Augen hat wohl noch niemand diese Heerscharen gesehen. Menschen, die nach innen gehen konnten und selbst in höhere Sphären blicken oder «reisen» konnten, berichten ziemlich übereinstimmend von einer Vielzahl von Geist- und Lichtwesen, von guten und bösen und neutralen, von eher erdgebundenen und mehr ätherischen Wesen, und so fort.

Versuchen wir einmal eine Übersicht zu Engeln, Geist- und Lichtwesen, die selbstverständlich keinen Anspruch auf allgemeine Gültigkeit erheben kann, und nur dem besseren Verständnis dienen soll. Fangen wir von «unten» an, von der Erde her.

Naturgeister

Viele Menschen haben schon Bekanntschaft mit Naturgeistern gemacht, mit Kobolden und Gnomen, Wichteln und Elfen, mit dem, was man auch Pflanzengeister oder Devas nennt. Gerade in unserem nördlichen, germanisch-keltischen Kulturraum machen immer noch zahlreiche Personen Erfahrungen damit – nicht nur im legendären Findhorn an der schottischen Nordküste, wo Pflanzendevas halfen, dass an der sonst unfruchtbaren Sandküste Gemüse wuchs, das dreimal größer war als anderswo.

Naturgeister kann man bisweilen mit offenen Augen sehen – als Lichtgestalt oder nur als ein Glitzern oder ihre Gegenwart auch spüren – als Windhauch, als leichte Energie oder die Berührung des Herzens.

Man findet solche Kontakte vor allem an lichten Stellen in einem stillen Wald, an den Rändern zwischen Hecken und Wiesen, und an einsamen Quellen oder Brunnen. Der bewusste mentale Austausch ist eher selten. Naturgeister mögen es, dass man achtsam, liebevoll, innig und auch mit kindlichem Staunen mit ihrer Welt umgeht. Dann zeigen sie sich oft erkenntlich, indem sie uns einen besonders schöne Frucht finden lassen oder sich um unsere Pflanzen kümmern.

Geistwesen
Durch bestimmte Übungen oder manche Meditationswege, aber auch durch Magie und Beschwörungen kann man immer wieder einmal in Kontakt mit Geistwesen gelangen. Ob diese Geistwesen gut, schlecht oder neutral sind, ob sie mehr als wir, gleich viel oder weniger wissen, ob sie Gott näher als wir stehen oder ferner sind, ist durch die Tatsache, dass es körperlose Geistwesen sind, auf keinen Fall gesagt. Manche Menschen sind so erfreut darüber, höhere Erfahrungen zu machen, dass sie gar nicht auf die Idee kommen zu prüfen, ob die Geister, die man gerufen hat (und vielleicht nicht mehr so ohne Weiteres loswird), auch gute Geister sind.

Der beste Schutz ist die eigene Motivation. Meine Motivation entscheidet zu einem Großteil darüber, welche Art von Kräften ich nach dem Gesetz der Resonanz anziehe. Wenn ich übernatürliche Erlebnisse aus Sensationslust machen will, wenn ich magische

Kräfte erwerben will, um damit das Leben oder Verhalten anderer nach meinen Wünschen zu manipulieren, dann ziehe ich vor allem niedere Geistwesen an.

Sowohl Dante (in: *Die Göttliche Komödie*) wie Swedenborg (in *Er sprach mit den Engeln*) berichten ausführlich über die Geistwesen in niedrigen Ebenen und in bestimmten Zwischenregionen, die alle noch weit unterhalb der Engelssphären sind.

Wenn Sie einem Geistwesen im Inneren begegnen, so sollten Sie immer fragen: *Wer bist du?* und *Kannst du mich zu Gott bringen?* Sie können Gott auch mit dem Begriff Licht, Wahrheit oder Liebe ersetzen, wenn Ihnen das näher liegt.

Kontakt mit Verstorbenen

Nehmen wir an, ich möchte Kontakt mit Verstorbenen aufnehmen. Dann versuche ich, die Aufmerksamkeit einer Seele an mich zu ziehen, die vielleicht besser damit beschäftigt wäre, sich selbst auf den inneren Seelenebenen vom Licht der Engel weiterführen zu lassen. Und was weiß die Seele, nachdem sie aus dem Körper gegangen ist, denn mehr, als vorher? Im Regelfall in spiritueller Hinsicht nicht viel mehr als bestenfalls die Erkenntnis, dass wir die Zeit für unseren geistigen Fortschritt am besten nutzen, während wir im Körper sind. Denn danach geht alles sehr viel langsamer. Und vielleicht können solche Seelen nun auch bezeugen, dass es eine innere Wirklichkeit tatsächlich gibt. Sollten wir unsere kostbaren (weil meist wenig entwickelten) Bewusstseinskräfte aber damit vertun, anstatt selber direkt hier und heute nach dem zu suchen, was man *Gott* nennen kann, aber moderner vielleicht *Spirit?* Und ist das nicht unser Geburtsrecht als Mensch, dass wir Teil der universellen Schöpferkraft sind und unser Leben auch dazu nutzen, zu erwachen, uns zur schöpferischen Teilhabe zu ermächtigen und lichtvoll zu leben und zu wirken?

Was aber, wenn Verstorbene unaufgefordert den Kontakt zu uns suchen? Dann können wir für sie zu Gott, zur Christuskraft oder zu Heiligen beten, dass ihre Seele auf den Weg ins Licht gebracht werden möge. Notfalls müssen wir sie auch entschieden auffordern, nun nicht mehr länger an der für sie vergangenen Erde und den zurückgebliebenen Menschen «kleben» zu bleiben, sondern sich vertrauensvoll für das innere Licht zu öffnen.

Geistführer, Meister-Heilige

Bei Nahtoderlebnissen tauchen oft – so berichten es uns die klinisch Toten, nach dem sie zurückgekommen sind – Lichtwesen auf, die als Geistführer fungieren. Sie strömen eine unglaubliche Liebe aus, sie lassen den klinisch Toten ein wundersames Licht schauen – und bedeuten ihm schließlich, dass seine Zeit noch nicht gekommen ist. Manche meinen, dass dies Jesus Christus sei, andere halten diese Gestalten für frühere Heilige. Da sie meist nur kurz auftauchen, und auch nur ein einziges Mal – eben bei Nahtoderlebnissen – lässt sich das nicht weiter erforschen oder überprüfen. Immerhin, es gibt Lichtwesen innen, berichten diese Menschen.

Andere wollen in Kontakt stehen mit sogenannten aufgestiegenen Meistern. Damit sind Weltlehrer gemeint wie Saint Germain oder andere, die entweder zu bestimmten Zeiten hier in einem Körper auf der Erde gelebt haben, und jetzt nur noch als Lichtkörper agieren, oder es geht um die Meister der weißen Bruderschaft wie Dwal Khul oder andere, die nie auf der Erde inkarniert gewesen sind und nur aus den inneren Sphären wirken sollen.

Das Problem bei solchen und ähnlichen Begegnungen und Kontakten besteht darin, dass wir in den allermeisten Fällen Opfer einer hoffnungsvollen Glaubensbereitschaft oder frommen Hysterie werden. Wer wird schon die Geistesgegenwart oder die Stirn besitzen und eine wirklich aufgetauchte (und nicht nur eingebildete, projizierte, visualisierte etc.) Gestalt fragen, wer sie ist, wie man die Eigenauskunft darüber denn überprüfen könne, und so fort?

Der Mensch muss der Lehrer des Menschen sein. Dieser Leitsatz galt sogar für große Geister wie Buddha und Jesus Christus, die sich hier auf der Erde inkarnieren mussten, um die Botschaft des Friedens, der Liebe und der Möglichkeit zur Erleuchtung nicht nur zu erklären, sondern selber vorzuleben. Ein Jesus bestand darauf, sich von Johannes taufen zu lassen und erst danach *«kam der heilige Geist auf ihn hernieder wie eine weiße Taube.»* Auch ein Buddha lernte bei verschiedenen Meistern, bevor er Erleuchtung erlangte.

Es ist gut, Lehrerinnen und Lehrer zu haben, vielleicht sogar Meisterinnen und Meister, Weise und Heilige – aber letztlich werden echte Lehrer alles dafür tun, dass die Schüler selbstermächtigt an ihr Ziel gelangen und von ihnen, den Lehrern, auf keinen Fall abhängig sind!

Engel

Engel sind Lichtwesen, die im Regelfall einer höheren geistigen Dimension angehören. Es sind von Gott geschaffene Bewusstseinsfunken oder Seelen, deren Entwicklung sich für eine kürzere oder längere Zeit in den Astral- oder Kausalebenen abspielt. Das sind feinstoffliche, ätherische geistige Regionen, in denen zwar mehr Bewusstsein und Licht herrschen als hier auf der Erde, aber wo das Bewusstsein immer noch nicht vollkommen erlöst ist.

Auf der Erde gibt es vergleichsweise fast nur Materie, und nur wenig Bewusstsein – in Form der Seelen von Menschen, Tieren und Pflanzen. Auf der Astralebene gibt es drei Viertel Materie und ein Viertel Bewusstsein, auf der Kausalebene halten sich Bewusstsein und Materie in etwa die Waage.

Engel gehören zu den beiden Ebenen, auf denen es mehr Bewusstsein gibt als hier bei uns, die aber noch nicht die höchste Ebene des reinen göttlichen Bewusstseins darstellen.

Die Engel, mit denen wir Menschen im äußeren Leben in Berührung kommen, gehören fast ausnahmslos der Astralebene an. Denn dort sind die Schutzengel und Botschafter-Engel zu Hause. Die Engel, denen wir auf höheren geistigen Ebenen bisweilen begegnen mögen, kommen meist aus der Kausalebene. Engel sind indes nicht so «hoch gestellt» wie Menschen, die zur Erleuchtung bzw. zur Selbsterkenntnis und Selbstverwirklichung gelangt sind

Was machen Engel?
Einige Menschen glauben, dass sich Engel vom Menschen unterscheiden, andere glauben, dass im Engel eine Seele wohnt, deren Aufgabe es ist Gutes zu tun, so dass sie erlöst werden kann. Diese Engelseele wohnt in einer anderen Dimension und blickt auf die Erde herab. Jeder Mensch besitzt einen sogenannten Schutzengel. Somit hat jeder Engel eine Menschenseele zu betreuen.

Engel sind ein Teil der göttlichen Schöpfung, sie sind in ständiger Verbindung mit der Schöpferkraft. Sie haben ein eigenes Bewusstsein. Glaubt man an die Lehren der Karma- und Reinkarnationstheorie, so besitzen Engel ebenso eine Seele wie es Menschen und Tiere tun. Durch ein gottgefälliges Leben sind sie in höhere geistige Ebenen vorgedrungen und sind somit scheinbar Gott näher. Um aber vollends erlöst zu werden, müssen Engel – so diese Lehren – in einem menschlichen Körper inkarnieren und ein gottgefälliges Leben auch unter den Bedingungen der Erde, der Körperlichkeit und des leicht verführbaren freien Willens unter Beweis stellen.

Als Engelwesen ist es zunächst ihre Aufgabe, den Menschen zu helfen, in Liebe und Frieden zu leben. Eines Tages werden sie, nach dieser speziellen Überzeugung, als Menschen wiedergeboren, und können dann in ihre ewige Heimat zurückkehren.

Die Frage danach, was Engel machen, wird der Islam noch auf eine andere Weise beantworten. Nach dem Bericht Mohammeds, des Propheten, war es nämlich der Erzengel Gabriel, der ihm den Koran als Gottes Wort und Heilige Schrift offenbarte.

Wie findet man einen Engel?
Engel halten sich meist im Hintergrund. Wer aber bewusst lebt, bemerkt die Anwesenheit eines Engels. Eine Möglichkeit, sich für Engel zu öffnen, ist, das eigene Herz zu öffnen, liebevoller mit der Umwelt,

den Menschen, Tieren und Pflanzen – und auch mit sich selbst! – umzugehen. Ein zweiter Weg zur Bewusstwerdung über Lichtwesen und höhere geistige Sphären ist Meditation mit dem inneren Licht und dem inneren Klang.

Wenn sie meditieren und nach innen gehen, erkennen Sie, dass es sogar über die Engel-Ebenen hinaus noch sehr viel mehr Wunderbares gibt. Sie werden feststellen, dass es Lichtregionen gibt, die erfüllt sind von Geistwesen, es aber Sphären gibt, in die zwar Menschen-Seelen hineingelangen können, wenn sie von der Gotteskraft geführt werden, die Engel jedoch verschlossen bleiben.

Sollten Sie einem Engel oder einem Lichtwesen begegnen – bei der Meditation, im Gebet, im Traum, in einer Vision oder mit offenen Augen, vielleicht draußen in der Natur – wäre es gut, dass Sie ihn fragen, ob er Sie zu Gott führen kann. Sie können auch dafür beten, dass ihr Schutzengel Sie beschützt und durchs Leben begleitet. Dies ist immer sehr sinnvoll.

Wenn Sie Ihr Herz für die Engel öffnen, merken Sie, wie viel Hilfe Sie von oben bekommen. Sie können dies tun, indem Sie jeden Tag fünf Minuten dafür einsetzen, um in die Stille zu gehen und um Hilfe oder Führung von oben zu beten.

Besonders in kritischen Situationen, bei einem gerade noch glimpflich abgelaufenen Verkehrsunfall oder bei einer geglückten Parkplatzsuche, wenn wir absolut in Zeitnot sind, haben wir einen Schutzengel oder manchmal sogar zwei! Wie oft sagen wir in solchen Situationen zu uns selbst: «Gott sei Dank, da habe ich aber einen Schutzengel gehabt.»

Dabei stellt sich die Frage: «Wer oder wo ist mein Schutzengel?», «Wer und wo ist der liebe Gott?» Wenn Sie zum Beispiel darüber nachdenken, wie oft Sie am Tage das Wort Gott aussprechen – auf wie viele Male kommen Sie? Mir fallen dazu einige Beispiele ein: «Grüß Gott», (bei uns in Österreich oder in Bayern), «Ach Du lieber Gott», «Mein Gott noch mal», und so fort.

Wir nehmen das Wort Gott häufig unbewusst als Redewendung in den Mund. Wann haben Sie sich das letzte Mal die Frage gestellt, wer Gott ist und woher er kommt und warum wir das Wort Gott so oft im Laufe des Tages aussprechen?

Wie weiß man, ob es ein Engel war?

Wie weiß man, ob man einem Engel begegnet ist? Ob es vielleicht nicht nur pure Einbildung, Projektion oder Wunschvorstellung war. Jeder, der wirklich ernsthaft an Engel glaubt und auch danach sucht, wünscht sich eine Begegnung mit «seinem» Engel. Viele haben schon eine solche Erfahrung gemacht, noch mehr suchen nach wie vor danach.

Es ist eine Tatsache, dass Engel zur Zeit sehr populär sind. Sie tauchen in allen Ländern dieser Erde auf; und es gibt sogar Menschen, die behaupten, sie können uns dabei behilflich sein, einen direkten Kontakt zu den Engeln herzustellen. Deshalb ist es sehr wichtig, dass wir solche Behauptungen überprüfen können, und ob die Geister, die sich dann vielleicht melden, wirklich von Gott kommen oder nicht, ob es sich um eine reine Wunschvorstellung handelt oder gar Scharlatanerie und Geldschneiderei. Nicht alle Erscheinungen und Erfahrungen, die wir auf Engel zurückführen, sind wirklich Engelphänomene oder stammen von ihnen.

Um feststellen zu können, ob es ein Engel war, ist es wichtig, dass wir beginnen, ein bewusstes Leben zu führen, dass wir beginnen, uns für das zu öffnen, was von oben kommt. Wie können wir dies machen? Indem wir z.B. beginnen zu beten, dass Gott uns hilft, empfänglicher und offener zu werden. Oder indem wir bei unserer Ernährung darauf achten, bewusst zu wählen, womit wir unseren Körper erhalten. Immer mehr Menschen entscheiden sich daher für eine Ernährung, für die kein Tier gequält oder getötet wird. Das reinigt uns von innen und macht uns bewusster. Denken Sie daran, dass der Heilige Franziskus von den Tieren und Vögeln als von unseren Brüdern und Schwestern sprach. Essen wir unsere Geschwister?

Sollten Sie Visionen oder Erscheinungen im Inneren haben, so kann ich Ihnen empfehlen, diese Gestalt zu fragen, ob sie Sie zu Gott bzw. zur Wahrheit oder zur höchsten Quelle führen kann. Wenn Nein, dann wird sich diese Gestalt auflösen und verschwinden.

Ganz besonders in folgenden Situationen treten Engelerscheinung häufiger auf:

- Wenn man sich in einem persönlichen Tief befindet, sei es durch Probleme in der Partnerschaft, durch berufliche Schwierigkeiten, allgemeine Ziellosigkeit oder durch Depressionen, schwere Krankheit, etc.
- Wenn man eine tiefe Sehnsucht nach der Wahrheit, nach dem Sinn des Lebens oder nach Gott spürt.
- Wenn es bestimmte Naturerscheinungen gibt, z.B. bei Vollmond oder Neumond, bei Sonnenaufgang oder Sonnenuntergang.

Warum ich an Engel glaube ...
Billy Graham, der weltbekannte amerikanische Evangelist, Berater amerikanischer Präsidenten und unermüdliche Verkünder des christlichen Glaubens (wie er ihn sieht), hat einmal über Engel Folgendes gesagt:

> *«Ich bin davon überzeugt, dass diese himmlischen Wesen existieren, dass sie uns beistehen und uns unsichtbare Hilfe leisten. Ich glaube nicht deshalb an Engel, weil mir jemand anderes über den aufregenden Besuch durch einen Engel berichtet hat, der sich bei ihm manifestierte, so*

*beeindruckend solche seltenen Zeugnisse
sein mögen. Ich glaube nicht deshalb an
Engel, weil Ufos so erstaunlich engelhaft
in manchen ihrer angeblich beobachteten
Erscheinungen wirken. Ich glaube nicht
deshalb an Engel, weil PSI-Fachleute die
geistige Welt mehr und mehr erforschen
und ihre Existenz glaubhaft machen. Ich
glaube nicht deshalb an Engel, weil heutzutage mit einem Mal weltweit die Existenz des Teufels und der Dämonen an
Realität gewinnt. Ich glaube nicht deshalb
an Engel, weil ich einige oder einen selbst
gesehen habe – denn das habe ich nicht.»
Ich glaube an Engel, weil die Bibel sagt,
dass es Engel gibt, und ich glaube daran,
dass die Bibel das Wort Gottes ist. Ich
glaube auch deshalb an Engel, weil ich bei
besonderen Gelegenheiten in meinem Leben ihre Gegenwart gespürt habe.*
(Aus: Lee Ann Chearney, The Quotable
Angel, Wiley, New York, S. 5)

Engelhierarchien

Im jüdisch-christlich-islamischen Kulturraum hat sich
seit Jahrtausenden, auch aufbauend auf Mythen anderer Kulturen des Nahen Ostens, eine ganze Engel-
wissenschaft entwickelt. Wie nicht anders zu erwarten,
gibt es auch unter Engelforschern unterschiedliche An-

sichten über die hierarchische Ordnung der himmlischen Heerscharen. Hier eine Übersicht über die neun Gruppen oder Ordnungen von Engeln, welche Thomas von Aquin in seiner *Summa Theologica* anbietet, die auch Dante Alighieri in seiner *Göttlichen Komödie* so nennt (nur die Reihenfolge des 7. und 8. Rangs vertauscht er) (zitiert nach *Wege der Seele,* S. 129ff):

1. Zualleroberst stehen die Seraphim. Sie umschweben den Thron der Herrlichkeit und stimmen ohne Unterlass «Heilig, heilig, heilig» an. Sie gelten als Engel der Liebe, des Lichts und des Feuers. Es soll vier dieser Seraphim geben, entsprechend der vier Winde der Welt; sie werden beschrieben als Engel mit vier Gesichtern und sechs Flügeln. Ob Luzifer, der sich von Gott abkehrende und abfallende Lichtträger, der später als Satan zum «Gegenspieler» Gottes erklärt wurde, ursprünglich zu den Seraphim oder den Cherubim gehörte, bleibt umstritten.

Ohnehin ist die Gleichsetzung von Luzifer mit Satan nach Davidson irrtümlich erfolgt (S. 176, Davidson, siehe Literaturhinweis).

2. Danach folgen die Cherubim. Das Wort stammt aus der assyrischen bzw. akkadischen Sprache und bezeichnet jemanden, der betet oder eingreift. Man betrachtete sie als Schutzgeister. Allerdings

sahen sie zunächst keineswegs sehr engelhaft aus, sondern wurden dargestellt als riesige Kreaturen mit löwehaften oder menschlichen Antlitzen, den Körpern von Stieren, Sphingen oder Adlern sowie mit großen Flügeln versehen.

3. An dritter Stelle finden sich die Thronengel. Ihre vorherrschenden Eigenschaften sind Standfestigkeit und Beharrlichkeit.

4. Sodann folgen Engel als Herren der Länder, deren Autoritätssymbole Zepter und Weltkugel sind.

5. Auf dem fünften Rang stehen die Tugenden. Ihre Hauptaufgabe auf Erden besteht darin, sogenannte Wunder zu erwirken sowie Segen und Tapferkeit zu verleihen.

6. Es folgen die «Kräfte». Nach Papst Gregor herrschen sie über die Dämonen. Die «Kräfte» des göttlichen Logos, der schöpferischen Kraft, der Herrschermacht, der Barmherzigkeit, der Gesetzgebung und des Strafrechts dienen dazu, die Dämonen in Schach zu halten, die sonst die Welt umstürzen würden.

7. An siebter Stelle finden sich die sogenannten Engelsfürsten, die als Verteidiger des Glaubens und der Religion gelten.

8. Auf dem achten Rang stehen die Erzengel. Sie sind vor allem als Sendboten Gottes tätig und tragen den Menschen seine göttlichen Ratschlüsse zu.

9. Am Anfang dieser Himmelsleiter, ganz unten, stehen die «normalen» Engel.

Verwirrend finde ich, dass die im normalen Sprachgebrauch als «Erzengel» bezeichneten Geistwesen auf allen Stufen von der achten bis zur obersten wirken. Wer zu den sieben Erzengeln gehört, wird unterschiedlich gesehen. Die äthiopische Version des biblischen Buches Henoch gilt als ältestes Zeugnis, das von sieben Erzengeln spricht.

Die sieben Erzengel

1. Uriel; der Herrscher über den Hades, der Erzengel der Erlösung, der Wächter des verlorenen Gartens Eden mit dem feurigen Schwert, der Flamme Gottes.
2. Raphael; nach Rabbi Abba im Sohar I hat er die Aufgabe, die Erde zu heilen, so dass sie eine Wohnstatt des Menschen ist, den er auch von seinen Leiden heilt; das Wort bedeutet «Gott hat geheilt».
3. Raguel (Ruhiel); Richter gefallener Engel; ob dieser «Freund Gottes» aber nicht doch ein Dämon sei, der sich als Heiliger ausgibt, schien (und scheint?) umstritten zu sein.
4. Michael; der Name bedeutet «der wie Gott ist», seine herausragende Stellung wird in allen Schriften der abrahamitischen Religionen (Judentum, Christentum, Islam) gleichermaßen anerkannt, im alten Chaldäa (aus dem er womöglich stammt) wurde er sogar als eine Art Gott verehrt. Michael hält in seinen Händen die Schlüssel zum Him-

melreich, seine Gestalt soll nach jüdischer Überlieferung Moses im brennenden Dornenstrauch
durch das Feuer hindurch erschienen sein, Papst
Pius XII. schließlich erklärte Michael 1950 zum
Schutzpatron der Polizisten.

5. Zerachiel (Verchiel); nach dem Okkultisten Pa-
   pus der Engel der Sonne, jener unter den sieben
   Erzengeln, der die Wacht hält.

6. Gabriel; «Gott ist meine Stärke» sagt dieser Name
   aus, neben Michael der einzige nachweislich und
   unumstritten im Alten Testament namentlich er-
   wähnte Engel (Raphael ist nur in orthodoxen und
   katholischen Bibeln zu finden; weil die protestan-
   tische Fassung das Buch Tobit für ihre Ausgabe
   des Alten Testaments gestrichen hat). Er herrscht
   über das Paradies. Es war der mit «140 Flügel-
   paaren» versehene Gabriel, der ihm nach Aussa-
   ge Mohammeds den Koran, die heilige Schrift des
   Islams, Sure für Sure diktiert hat. Gabriel steht
   auch für den Geist der Wahrheit.

7. Remiel (Jeremiel); wird bisweilen auch als iden-
   tisch mit Uriel angesehen, er gehört zu jenen von
   Gott eingesetzten Engeln, die über jene Seelen
   wachen, die von den Toten auferstehen.

Auf einem Kirchenkonzil in Rom im Jahre 745 wurde
jedwede Engelverehrung bis auf die Anbetung Micha-
els, Gabriels und Raphaels untersagt; offenbar hatte
die Verehrung immer weiterer Himmelswesen aus-

ufernde, unkontrollierbare Ausmaße angenommen. Als Begründung hieß es übrigens, dass sich in Wahrheit falsche oder gar böse Geistwesen heimlich unter die Engelsscharen gemischt hätten.

Engel
und der Tierkreis

Die zwölf Sternzeichen-Symbole des Himmels

Des Menschen Engel ist die Zeit.
– Friedrich von Schiller, Wallensteins Tod

Wir merken erst, wie traurig und unangenehm
ein trüber Tag ist, wenn ein einziger durchdringender
Sonnenblick uns den aufmunternden Glanz
einer heiteren Stunde darstellt.
– Johann Wolfgang von Goethe,
Wilhelm Meisters Lehrjahre

Neben zahlreichen Zuordnungen von Engeln zu
menschlichen Tätigkeiten, zu ganzen Völkern, zu
niedrigeren und höheren Bewusstseinsebenen sind
für uns als «Horoskopengel» am interessantesten die
Engel der zwölf Monate und der zwölf Tierkreiszeichen. Es sind:

Januar	**Gabriel** (oder Cambiel), *Gott ist meine Stärke.*
Februar	**Barchiel** (auch Barakiel), *der Blitz Gottes,* Herrscher des Planeten Jupiter, Glücksengel.
März	**Machidiel**; *die Fülle Gottes,* kann (irdische) Liebe gewähren.
April	**Asmodel**; ein strafendes Geistwesen (mitunter auch von zweifelhaftem Ruf), das früher zu den Cherubim zählte.
Mai	**Ambriel**; Beschützer vor dem Bösen, Herrscher der Nachtstunden.
Juni	**Muriel**; der Name bezieht sich auf das griechische Wort für Myrrhe, er soll helfen können, einen fliegenden Teppich zu erlangen.
Juli	**Verchiel** (oder Zerachiel), Herrscher der Sinne, nach Papus Herrscher der Sonne.
August	**Hamaliel**; einer der Tugendfürsten.
September	**Uriel** oder Zuriel, Uriel *(Feuer Gottes)* bzw. Zuriel *(Mein Fels ist Gott)* gilt als Heiler von Dummheit im Menschen.
Oktober	**Barbiel**, gehört zur Ordnung der Tugend und zu den Erzengeln im weiteren Sinne.
November	**Adnachiel**, gehört mit Phaleg zu den Herrschern des Engelreichs.

Dezember	**Hanael** (auch Haniel),
	Herrlichkeit Gottes, Gnade Gottes
	und «der, der Gott sieht».

Die Zuordnungen zu den Tierkreiszeichen richten sich nach ihren entsprechenden *Anfangsmonaten* im Jahreslauf.

Widder	20. 3.–19. 4.	Machidiel
Stier	20. 4.–20. 5.	Asmodel
Zwillinge	21. 5.–20. 6.	Ambriel
Krebs	21. 6.–22. 7.	Muriel
Löwe	23. 7.–22. 8.	Verchiel
Jungfrau	23. 8.–22. 9.	Hamaliel
Waage	23. 9.–22.10.	Zuriel (oder Uriel)
Skorpion	23.10.–21.11.	Barbiel
Schütze	22.11.–21.12.	Adnachiel
Steinbock	22.12.–20. 1.	Hanael
Wassermann	21. 1.–18. 2.	Gabriel
Fische	19. 2.–19. 3.	Barchiel

Die Angaben zum ersten und letzten Tag eines Tierkreiszeichens können von Jahr zu Jahr um einen Tag variieren, gemäß des scheinbaren Sonnenlaufs, des Einschubs eines Schaltjahres und der geringfügigen Abweichung des menschgemachten Kalenders vom kosmischen Zyklus des Himmels. Richten Sie sich im Zweifelsfall nach Ihrem Geburtstag und wo dieser Tag aufgeführt wird.

Die Botschaften der Horoskop-Engel

Die Engelbotschaften für die vier Engel jedes Tierkreiszeichens – Ihr Tierkreisengel, Ihr Schutzengel, Ihr Wesensengel und Ihr Liebesengel – sowie die persönlichen Engelbotschaften für jeden Geburtstag werden in der Arbeit mit lichten Engelssphären geschenkt.

Sie werden feststellen, dass es eher sehr handfest-praktische Hinweise und Lebenshilfen sind und nicht verschwommen-ätherische Zuckerstückchen oder schönrednerische rosa Wölkchen. Aus der Sicht der geistigen Welt dient es uns Menschen auf unserem Lebensweg am meisten, das eigene Bewusstsein zu entfalten, die Eigenverantwortung zu stärken und wachen Auges und offenen Herzens nach Idealen zu suchen, die wir im Alltag auch tatsächlich verwirklichen können!

Der **Tierkreisengel** ist jener Engel, der nach alter Überlieferung zum jeweiligen Monat bzw. Tierkreiszeichen gehört. Es fällt auf, dass manche dieser Engel

«hohe Engel» sind – mit Gabriel für den Wassermann finden wir sogar einen Erzengel darunter – andere dagegen sind fast völlig unbekannt.

Der **Schutzengel** symbolisiert jene Kraft, die für Ihr jeweiliges Tierkreiszeichen am wichtigsten oder nützlichsten ist, um bestimmte Neigungen und Schwächen, die Menschen oft haben, die in diesem Zeichen geboren sind, auszugleichen und um Sie vor Verstrickungen und üblen Folgen unbedachter Verhaltensweisen zu bewahren.

Der **Wesensengel** bezeichnet die Merkmale, welche für die Menschen des jeweiligen Tierkreiszeichens am typischsten sind. Das sind im Regelfall Stärken, die Sie entwickeln und leben sollten.

Der **Liebesengel** versinnbildlicht jene Qualität, die für Sie als Mensch, der in diesem Tierkreiszeichen geboren wurde, am besten geeignet ist, um eine harmonische und erfüllte Partnerschaft zu führen.

Die persönlichen Engelbotschaften für Ihren Geburtstag bestehen aus einem symbolischen Bild und einer Aufforderung, die sich daraus ableitet, dass Sie sich für höhere Qualitäten öffnen bzw. dass Sie auf eine bestimmte Weise handeln mögen, um Ihre Lebensaufgabe zu erfüllen.

Diese Engelbotschaften gehen auf meditative Übermittlungen zurück, die aus geistigen Ebenen inspiriert sind. Sie führen die Deutung der sogenannten *sabischen Symbole* für die Tierkreisgrade weiter, welche die verstorbenen Astrologen Marc Edmund Jones und Dane Rudhyar zum ersten Mal einer kleineren Öffentlichkeit bekannt gemacht hatten.

Die drei Erzengel Michael, Gabriel und Raphael können übrigens ganz generell als Schutz- und Leitengel für alle gelten. Die Arbeit mit ihrer Kraft erfolgt über die Verinnerlichung der Affirmationen, die sich aus ihren Namen ableiten, als Gebet oder in der Meditation über ihre Kraft.

Michael
Ich lebe in der schöpferischen Kraft!
Diese Affirmation ist grundsätzlich von Nutzen, um sich auf eine höhere, göttliche Weisheit einzustimmen, um sich für göttliche Ideale zu öffnen und Orientierung im Leben zu finden.

Gabriel
Spirit ist meine Stärke!
Diese Affirmation hilft Ihnen, um in schwierigen Situationen zu bestehen, um Herausforderungen anzunehmen und Probleme lösen oder überwinden zu können. Sie erinnert Sie daran, dass es eine größere Kraft als die Egokraft gibt: Gott.

Raphael
Gott heilt!

Diese Affirmation kann Ihnen zum Beispiel bei physischem oder psychischen Leid helfen, bei Krankheiten an Körper oder Gemüt. Achtung: Selbstverständlich bedeutet die Arbeit mit einer Affirmation nicht, dass Sie nicht zum Arzt gehen oder keine Medizin nehmen sollen! Vielmehr geht es um eine zusätzliche geistige Harmonisierung und Stärkung, um die überpersönlichen seelischen Selbstheilungskräfte zu aktivieren. Wer mit dem Begriff Gott Mühe hat, kann diese Affirmation zum Beispiel abwandeln in: *Die geistige Kraft heilt!*

Der Widder
und seine Engel

20.3.–19.4.

Der Tierkreiszeichenengel ist Machidiel.
Halte still und spüre, wie die Engel Dich
berühren.

Der Schlüsselsatz des Engels dieses Tierkreiszeichens für Dich ist:
«Ich bin». Machidiel fordert Dich
auf, Du selbst zu sein bzw. zu Dir
selbst zu finden – und dabei den Respekt gegenüber
anderen Menschen und ihrer Freiheit ebenso gelten
zu lassen.

Dein Schutzengel ist der Engel des Friedens.
Wenn Du neue Pläne verfolgst oder in Not bist, lasse
Dich bewusst einige Zeit auf den Frieden in Dir selbst
ein, dessen Quelle und Kraft Dir Dein Schutzengel
zeigen möchte.

Dein Wesensengel ist der Engel des Mutes.
Sei bedacht, wenn Du zu neuen Ufern aufbrichst. Du hast Mut in Dir, du brauchst geistige Führung, um ihn richtig einzusetzen.

Dein Liebesengel ist der Engel der Harmonie.
Die Qualität der Harmonie wird Dir helfen, eine erfüllte Partnerschaft zu leben. Entwickle gezielt Harmonie, auch wenn Du dabei ab und zu «zurücksteckst».

✍ • ✍

20. März

Eine Pflanze bricht von unten durch die Erdkrume nach oben ans Sonnenlicht: Du erkennst, dass Du Dein Leben bewusst und unabhängig von der Masse gestalten kannst.

21. März

Ein Zauberer jongliert mit bunten Bällen und zieht Kaninchen aus dem Zylinder: Du freust Dich, das Leben und Deine Möglichkeiten zu entdecken. Suche auch nach dem Sinn.

22. März

Ein Berg zeigt im Mondlicht ein weises Gesicht: Du bist ein/e aktive/r MitarbeiterIn am Schicksal der Welt. Entwickle Dein Bewusstsein dafür.

23. März

Ein Pärchen geht fröhlichen Herzens über eine blühende Wiese: Du erlebst die Fülle eines Glücks, das noch größer wird, wenn Du Dich zur Schöpferkraft hinwendest.

24. März

Ein Engel mit goldenen Flügeln und einem Dreieck auf seinem Gewand: Du bist auf der Suche nach Deinem geistigen Weg und wirst ihn in diesem Leben finden.

25. März

Ein dunkler Würfel leuchtet auf einer Seite hellrot: Du bist ernsthaft um Deine individuelle Entwicklung bemüht und dabei für Vieles offen. Finde zum Wesentlichen.

26. März

Ein Vogel fliegt durch die Luft, stelzt auf dem Land und schwimmt auf dem Wasser: Du erkennst, dass Dein Leben auf verschiedenen Ebenen stattfindet - in Körper, Gefühlen und Verstand sowie auf der Seelenebene.

27. März

Eine buddhistische Gebetsfahne weht im Winde: Du entdeckst Weisheitslehren und Meister/innen aus dem Osten.

28. März

Eine Seherin blickt in eine Kristallkugel, in der farbige Lichter tanzen: Du spürst, dass Du Führung auf Deinem Seelenweg am besten aus Deinem Inneren erfährst und findest zum dritten Auge.

29. März

Altehrwürdige Symbole verwandeln sich in neue, unbekannte Formen: Du entwickelst die Gabe, den Sinn alter Traditionen auf neue Weise auszudrücken.

30. März

Ein Gouverneur tritt mit einem besonderen Zeremoniell sein Amt an: Du verstehst es, notwendige Schritte im Leben zu unternehmen.

31. März

Ein Zug weißer Gänse fliegt durch blaue Himmel: Du spürst, dass Du eine individuelle Seele bist, die ihren eigenen Weg noch finden muss.

1. April

Eine Tierfalle, die unbemerkt im Wald in der Nähe eines Pfades lag, ist entdeckt und entschärft worden: Du stellst fest, dass bestimmte Ängste Dein Leben verunsicherten, die Du nun überwinden kannst.

2. April

Eine Sternschnuppe zieht weit über das Firmament und leuchtet noch einmal auf, bevor sie erlischt: Du hörst eine innere Stimme, die Dich an Deine wahre, ewige Heimat der Seele bei Gott erinnert.

3. April

Ein Indianermädchen sitzt an einem Bach im Abendlicht und flicht einen Korb: Du erinnerst Dich an die ewigen Werte und unerfüllten Aufträge vergangener Tage und strebst an, die karmische Bindung durch Hingabe an Gott aufzulösen.

4. April

Feen, Kobolde und Elfen tanzen im weißen, weichen Licht des Vollmondes: Du wirst offen für die unbewussten und die überbewussten Ebenen des menschlichen Lebens und bereit, in die Tiefen der Meditation einzutauchen.

5. April

Zwei wie lebensecht aussehende Schaufensterpuppen sitzen auf einer Parkbank inmitten von Spaziergängern: Du empfindest die Notwendigkeit, inmitten des ständigen Getriebes der Welt zu einer inneren Seelenruhe zu kommen.

6. April

Zwischen zwei großen Bäumen, die mit ihren Blättern Schatten spenden, baumelt eine bunte Hängematte: Du lernst loszulassen und Dich auf den natürlichen Fluss der Energien des Lebens einzulassen.

7. April

Ein Heißluftballon fliegt über ein Industriegebiet: Du findest die Kraft, den Alltag mit einem Sinn zu erfüllen.

8. April

Ein kleiner Junge bringt den weißen Schwänen und den bunten Enten am Dorfteich Brotreste: Du spürst, dass alles miteinander verbunden ist und Dein Leben unter einem besonderen Schutz von oben steht.

9. April

Ein japanischer Sumoringer tritt in den Ring: Du bist stark darauf ausgerichtet, das Leben von der körperlichen Seite her zu meistern; erweitere Deine Perspektiven.

10. April

Das Tor zu einem Garten voller blühender Büsche und früchtetragender Bäume schwingt leicht im Wind: Du kannst Dich entscheiden, ungehemmt am Glück und Segen des Lebens teilzunehmen, wenn Du den Paradiesgarten im Inneren findest.

11. April

Eine Frau geht durch ein sonnenreifes Kornfeld und trägt einen Korb, über dem ein Tuch liegt: Du beginnst, wichtige seelische Erfahrungen zu machen, über die Du aber nicht öffentlich sprechen möchtest.

12. April

Ein Vorhang vor einer Verandatür wird vom Wind ins Zimmer geweht: Du machst Dich offen für neue spirituelle Kräfte, die in Dein Leben hineinströmen wollen, um es zu durchlichten.

13. April

Ein handschriftliches Schreiben, das sich über zwei Seiten erstreckt: Du merkst, dass Du die äußere und die innere Entwicklung Deines Wesens gleichberechtigt fördern sollst.

14. April

Ein Mann wirft glitzernde Schmuckstücke aus dem Fenster hinaus: Du möchtest aus der unerschöpflichen Quelle des Lebens anderen so viel wie möglich geben; achte darauf, dass Du auch die inneren Werte entwickelst und schenkst.

15. April

Eine Pferdekutsche überholt einen Eisenbahnzug und kommt vor ihm am Bahnhof an: Du reifst in Deinen schöpferischen Fähigkeiten, um verlorene Gelegenheiten der Sinngebung wiederzugewinnen und doch noch am Ziel anzukommen.

16. April

Die Tarotkarte Der Turm, die Menschen zeigt, deren Masken fallen: Du merkst, dass unter der Oberfläche der Dinge und hinter den Gesichtern der Menschen andere Realitäten und Möglichkeiten stecken und gewinnst neue Perspektiven.

17. April

Der Himmel bricht auf und ein Engelchor lässt seinen Gesang erschallen: Du spürst Dich im Einklang mit göttlichen Kräften und siehst Deine Aufgabe darin, die Harmonie der Sphären auch im Alltag zu leben.

18. April

Kleine Entchen purzeln putzig ins seichte Wasser und beginnen aus voller Kraft, ihrer Mutter nachzuschwimmen: Du bist offen dafür, mit anderen zusammenzuarbeiten und Nachsicht zu üben, um ein gemeinsames Ziel zu erreichen.

19. April

Ein orientalischer Teppich mit wundersamen Ornamenten beginnt zu schweben: Du bist überrascht, dass im Leben noch andere als Ichkräfte des Menschen wirken und fängst an, Dich darauf einzustellen.

Der Stier
und seine Engel

20.4.–20.5.

Der Tierkreiszeichenengel ist Asmodel.
Breite die Flügel Deiner Seele aus und öffne Dein Herz.

Das Motto des Tierkreiszeichenengels Asmodel für die Stiergeborenen ist: «Ich besitze». Erkenne, was Du wirklich besitzt – und was Dich vielleicht besitzt. Aus ganzer Seele, von ganzem Herzen kannst Du immer leben!

Dein Schutzengel ist der Engel der Einfühlungsgabe.
Versuche, Dich in die Lebenssituation der anderen Menschen hineinzuversetzen und vertraue Deiner inneren Stimme.

Dein Wesensengel ist der Engel der Kraft.
Du hast große Kraft, mit der Du viel bewegen kannst, wenn Du sie nur entdeckst und Dich an hohen Ide-

alen orientierst. Entdecke, dass die größte Kraft die Kraft der Seele ist, weder der Verstand, noch das Gefühl, noch der Körper.

**Dein Liebesengel ist der Engel
der Hilfsbereitschaft.**
Deine Partnerschaft blüht auf, wenn Du dem anderen Menschen Hilfe von Herz und Seele her schenkst.

♋ · ♋

20. April
Frisches Quellwasser sprudelt aus einem Felstal hervor: Du spürst, wie Dich immer wieder eine neue Energie belebt, die überpersönliche Klarheit und Reinheit bringt.

21. April
Wetterleuchten durchzuckt die Himmel und lässt sie in vielen Farben strahlen: Du weißt, dass es größere Kräfte gibt als die des Menschen und öffnest Dich für das Wunder des Lebens.

22. April
Ein kleiner Pfad führt zu blühenden Wiesen, die voll des Lebens sind: Du schöpfst immer wieder neue Hoffnung, um Dich zu verwirklichen und Deine natürlichen Energien zu nutzen.

23. April

Am Ende eines Regenbogens steht ein Topf mit Gold, der im sonnendurchstrahlten Regen funkelt: Du hast die Chance, in Dir eine unbegrenzte Quelle der Kraft und Hilfe für andere Menschen zu entdecken.

24. April

Eine junge Frau steht an einem frischen Grab, trocknet sich die Tränen ab und blickt verklärt in den Horizont: Du erkennst nach und nach, dass es hinter dem irdischen Werden und Vergehen eine größere, ewige Wirklichkeit gibt.

25. April

Arbeiter werfen Seile über eine schmale, aber tiefe Bergschlucht, um eine Hängebrücke zu bauen: Du hast die Gabe, mit Erfindungsgeist, Kooperation und Geduld Probleme zu lösen. Entwickle dieses Talent.

26. April

Ein Kind geht zu einem Brunnen, um frisches Wasser zu schöpfen: Du kehrst zu den wahren Quellen von Lebenskraft und Lebenssinn zurück. Werde dabei im Herzen wie ein Kind.

27. April

Zwei Pferde ziehen einen Schlitten über Wiesen und Felder, die von einer noch sehr dünnen Schneedecke überzogen sind: Du lernst, auch unter schwierigen

und völlig ungewohnten Umständen neue, eigene
Wege zum Erfolg zu finden.

28. April
*Ein Lichterbaum mit bunten Weihnachtskugeln und
fröhlichen Holzfiguren lädt zum kindlichen Staunen
und zur Freude ein:* Du erfährst, dass es ein inneres Licht gibt, das Liebe ausstrahlt und die Seele
wärmt.

29. April
*Ein junger Arzt kümmert sich um die Versorgung
von Verletzten:* Du verbindest Mitgefühl und besondere Fähigkeiten, um Dienste an der Menschheit zu
leisten.

30. April
*Eine Gärtnerin gießt Sträucher und Pflanzen, die in
voller Blüte stehen:* Du sollst in diesem Leben lernen,
die Gaben der Natur zu pflegen und Dich an ihnen
zu erfreuen.

1. Mai
*Menschen bummeln durch die Einkaufsstraßen und
bewundern die Auslagen in den Schaufenstern:* Du
hast ein Interesse daran, wie das äußere Leben die
inneren Sehnsüchte spiegelt – und oft vom Wesentlichen ablenkt.

2. Mai

Eine Frau in einem Entwicklungsland geht aufrechten Schrittes mit einer großen Last auf dem Kopf: Du kannst stolz darauf sein, dass es Dir gelingt, mit großem Einsatz und persönlicher Bescheidenheit Probleme zu meistern.

3. Mai

Kinder spielen am Ufer eines Sees und schauen kleinen Fischen zu, die im seichten Wasser hin und herflitzen: Du spürst den Wunsch, in unbewusste Ebenen einzutauchen und Dich mit Seelenkräften zu verbinden.

4. Mai

Ein elegant gekleideter Mann geht mit kräftigen Schritten gegen einen Sturmwind an: Du bist in der Lage, auch größte Herausforderungen zu meistern, wenn Du Deine eigene Mitte findest.

5. Mai

Ein alter Mann sitzt am Rande eines Volksfestes und spricht zu einer kleinen Gruppe Menschen um sich herum: Bleibe bei Deiner Wahrheit auch dann, wenn sie im lauten Alltag wenig Gehör findet und nicht sehr populär ist.

6. Mai

Feuer lodert auf und Degen blitzen wie im Kampf: Du stehst vor der Entscheidung, ob Du in Deinem

Leben dem Weg der Erleuchtung oder des Kampfes um Erfolg folgen willst.

7. Mai

Eine Frau beugt sich weit aus dem Fenster, um eine Bettdecke auszuschütteln: Du bist bereit, Altes abzulegen, was Dein Leben behindert und Dich für einen frischen Wind im Leben zu öffnen.

8. Mai

Ein Schiff stößt unerwartet auf eine blühende Insel, die zur Entdeckung einlädt: Du bekommst die Chance, neue Aspekte Deines Seins zu erkunden und zur Ursprünglichkeit des Wesens zu finden.

9. Mai

Wolken bilden Engel mit Flügelchen, die durch den Himmel schweben: Du erlebst eine Bewusstseinserweiterung, die Dir Freude und neue Einsicht in den Sinn schenkt.

10. Mai

Ein Buch blättert wie von Geisterhand bewegt Seiten um und bleibt bei einem großgedruckten Absatz offen liegen: Du bist in diesem Leben im Begriff, tiefgründige spirituelle Unterscheidungskraft zu entwickeln und danach zu leben.

11. Mai

Eine Möwe fliegt behände über ein sturmdurchtostes Gewässer: Du fühlst Dich frei und sicher, auch unter äußerlich schwierigen Bedingungen Deinen Weg zu gehen.

12. Mai

In einer Oase wird ein Schmuckladen geöffnet, der die herrlichsten Juwelen präsentiert: Du wirst die wundervollsten Schätze finden, wenn Du nicht mehr außen mit dem Ego, sondern innen mit der Seele, bei Gott suchst.

13. Mai

Ein Hunne reitet auf einem unscheinbaren, aber widerstandsfähigen Pferd siegesgewiss über die Steppe: Du spürst, wie elementare Urgewalten in Dein Leben eindringen und hast die Aufgabe, sie richtig zu integrieren.

14. Mai

Vor einem großen Schloss öffnet sich eine Parkanlage, in der viele Menschen spazieren gehen und den Ausblick bewundern: Du bist fähig, altbewährte kulturelle Werte vielen Menschen zugänglich zu machen, um sie zu erheben.

15. Mai

Ein junger, glutäugiger Mann spielt am Abend unter dem Fenster einer schönen Frau sehnsuchtsvoll seine

Mandoline: Du kannst mit großer Überzeugungskraft auf andere wirken.

16. Mai

Eine alte, würdige Indianerin mit vielen Falten im Gesicht sitzt unter Arkaden und bietet schönes Geschmeide feil: Du weißt, dass es im Leben um die Verwirklichung menschlicher Weisheit geht und wendest Dich beständigen Werten zu.

17. Mai

Eine reife, aber noch sehr hübsche Frau bewundert sich in einem großen Spiegel: Du entwickelst neue Energien der körperlichen und geistigen Verjüngung und Erfüllung.

18. Mai

Zwei Silberschmiede arbeiten nebeneinander vor sich hin, während sie in eine heftige Diskussion verstrickt sind: Du spürst, dass Du Dich mit dem Pro und Kontra zu Lebensfragen bewusst auseinandersetzen und gleichzeitig weiter arbeiten musst.

19. Mai

Ein zahmer Goldfasan stolziert in einer stillen Grünanlage umher: Du suchst nach einem sicheren Ort, an dem Du ungestört die Schönheit der inneren Welten genießen kannst.

20. Mai

Zwei goldene Ringe, die ineinander verschlungen sind: Du weißt, dass Partnerschaft im Leben eine karmische Dimension besitzt, die Du erfüllen oder lösen musst; suche Hilfe dabei!

Der Zwilling
und seine Engel

21.5.–20.6.

**Der Tierkreiszeichenengel
ist Ambriel.**
Geh hinaus in die Natur und
atme ihre Kraft.

Der Kerngedanke Deines
Tierkreiszeichenengels Ambriel lautet: «Ich denke».
Prüfe, ob Du frei bist, Sinn-
volles oder Überflüssiges zu
denken, ob Du konstruktive
Pläne entwerfen oder vergangene Gelegenheiten be-
dauerst, ob Du kreativ kommunizieren oder Dich als
Opfer der Umstände erfahren willst.

Dein Schutzengel ist der Engel der Freude.
Freude am Leben und Dankbarkeit für das Leben
sind der beste Halt, wenn Du Dein Gleichgewicht finden möchtest.

Dein Wesensengel ist der Engel der Zuversicht.
Solange Du die Zuversicht behältst, dass Deine Kommunikation eine Brücke zum Nächsten bauen kann,

ruhst Du in Dir selbst. Zuversicht baut auf eigener Erfahrung auf, die über das Denken hinausgeht. Entdecke, wie Du Zugang zu den inneren Welten von Licht und Himmelsmusik erlangen kannst.

Dein Liebesengel ist der Engel der Wahrheit.
Achte in allen Partnerschaften darauf, dass Du genau bei der Wahrheit bleibst und in der Wahrheit lebst.

❧ • ❧

21. Mai
Ein Taucher gleitet durch ein tropisches Gewässer und bewundert die Farbenpracht der Welt unter See: Du erhältst Impulse und findest die Kraft, neue, innere Dimensionen zu erkunden, die Deinem Leben eine neue Sicht vermitteln.

22. Mai
Eine gute Fee erfüllt einem Kind unbemerkt einen sehnlichen Wunsch: Du hast die Gabe, auf die Bedürfnisse anderer Menschen einzugehen, ohne Dich darin zu verlieren. Nutze das!

23. Mai
Ein König hält Hof in einem Park vor einem Schloss: Du wirst von Form und Tradition angezogen (oder abgestoßen), weil Du spürst, dass hinter altem Pomp eine echte Kraft liegt.

24. Mai

Es riecht nach Nelken und Kardamom, nach Lebkuchen und Tannenzweigen: Du möchtest den Reichtum des Herzens nicht nur selbst erleben, sondern mit anderen teilen. Achte darauf, dass Du dies auf weise Art tust.

25. Mai

Das Programm im Fernsehen wird unterbrochen, um eine Sondermeldung durchzugeben: Du erkennst, dass man im Leben immer bereit sein muss, wichtige neue Orientierungen, die von außen oder «oben» kommen, in die Zielplanung einzubauen.

26. Mai

Arbeiter bohren angestrengt und unermüdlich bei Mondlicht in Texas nach Öl: Du hast die Fähigkeit, hart und zäh zu arbeiten, um Werte zu schaffen oder zu erlangen. Erinnere Dich daran: Die höchsten Werte sind nicht greifbar.

27. Mai

Unter dem Schatten eines alten, knorrigen Baums sprudelt eine frische, klare Quelle hervor: Du kannst körperliche und geistige Regeneration erlangen, wenn Du zu den Quellen der Weisheit zurückkehrst, die in Dir auf Dich warten.

28. Mai

Durch leergefegte Straßen zieht ein wilder Haufen von Demonstranten: Es hat keinen Sinn, wenn Du Dich gegen das «Schicksal» auflehnst; Du solltest Dich mit dem Konzept des Karmas beschäftigen, dem Gesetz von Ursache und Wirkung.

29. Mai

Ein Bogenschütze bereitet sich auf einen Wettkampf vor und prüft seine Pfeile: Wenn Du Dich richtig vorbereitest, hast Du nichts zu fürchten. Nutze die Zeit, das zu erlernen und zu erwerben, was dem Seelenfrieden und Deinem Glück hilft.

30. Mai

Der Vollmond bescheint einen Weg, auf dem ein weißgekleideter Mann mit weißem Turban verschwindet: Wenn Du einem wahren Weisen bzw. einer wahren Weisen begegnen kannst, hast Du einen Teil deiner Lebensaufgabe erfüllt. Suche danach und nimm diese Person als Begleiter/in für eine Zeit.

31. Mai

Pioniere entdecken ein neues Land und machen einen fruchtbaren Boden zum ersten Mal urbar: Du sollst bereit sein, immer wieder neue Bereiche des Lebens zu entdecken, und Deine Kreativität immer wieder einzusetzen.

1. Juni

Eine Asiatin, die im Haushalt hilft, besteht bei ihrer westlichen Herrin auf ihren Rechten: Du lernst zu erkennen, dass jeder Mensch dem Wesen nach göttlich ist; das wird Dir helfen, im Alltag und bei der Meditation voranzukommen.

2. Juni

Ein international bewunderter Sänger erhebt vor großem Publikum seine Stimme: Du kannst in diesem Leben einen Höhepunkt der menschlichen Entwicklung erreichen: die Verbindung der bewussten Seele mit der Quelle von Licht, Leben und Verwirklichung.

3. Juni

Zwei Menschen auf zwei unterschiedlichen Kontinenten pflegen mediale Kommunikation miteinander: Dir kann es gelingen, geographische und emotionale Entfernungen zu überwinden, um zum Verständnis unter den Menschen aktiv beizutragen.

4. Juni

Eine Gruppe von indischen Kindern lernt gemeinsam das Alphabet: Zusammen mit anderen kannst Du entdecken, wie das Leben fröhlich und glücklich sein kann, wenn wir auf ein gemeinsames Ziel hin friedlich kooperieren.

5. Juni

Eine charismatische Frau richtet einen Appell an eine Gruppe von Menschen: Deine Seele möchte sich erheben und auf die innere Stimme lauschen, die Dir den Weg durchs Labyrinth des Lebens weisen kann. Meditiere mit dem inneren Licht!

6. Juni

Ein Holzschnitzer arbeitet aus einem unförmigen, groben Holzklotz den Kopf eines nachdenklichen Menschen heraus: «Alle Heiligen haben eine Vergangenheit, alle Sünder eine Zukunft.» Diese Engelsbotschaft für Dich heißt, dass Du an Dir selbst arbeiten kannst, um Vollendung zu erlangen.

7. Juni

Zwei Afrikaner sprechen in einer Londoner U-Bahn in ihrer Stammessprache: Du fühlst Dich in der Welt manchmal wie fremd, dadurch kannst Du jedoch auch Deine innere Unabhängigkeit entwickeln. Nimm das als Chance wahr.

8. Juni

In einer Bibliothek wird ein uraltes Buch unter einem Glassturz ausgestellt: Lerne aus den Erkenntnissen alter Tage und studiere die Weisheit der Antike – das wird Dir auf Deinem Lebensweg zur Wahrheit ein guter Startpunkt sein.

9. Juni

In einem Kaufhaus werden Waren aus aller Herren Länder im Überfluss angeboten: Du spürst, dass das Leben einen schier unerschöpflichen Reichtum an Möglichkeiten der Entwicklung bietet – suche kritisch aus, was Dir wirklich weiterhilft.

10. Juni

Arbeiter schließen sich zu einem Verband zusammen, der vernehmlich ihre Interessen vertritt: Biete Deinen natürlichen Instinkten einen festen, klaren Rahmen, innerhalb dessen sie sich auch sinnvoll erleben und nutzen lassen können.

11. Juni

Bei einem Frühsommerfest unter freiem Himmel sieht man Tanzpaare in bunten Trachten: Lass Dich auf die Freuden und die Herzenswärme des einfachen Lebens ein. Folge Deiner inneren Stimme, um schlichte Formen der Lebensfreude zu verwirklichen.

12. Juni

Drei junge Vögel blicken aus ihrem Nest in einem hohen Baum nach unten auf die Erde: Du erkennst, dass Du Körper, Geist und Seele gleichberechtigt entfalten kannst und sollst. Erwache und erkenne Deine Selbstermächtigung, in Spirit zu leben.

13. Juni

Junge Burschen rudern mit kräftigem Schlag ein sch-
males Boot, das jeden Moment zu kentern droht:
Selbst unter den schwierigsten Umständen sollst Du
die Ruhe bewahren und tun, was die Natur der Dinge
Dir nahelegt. Du bist beschützt.

14. Juni

In einem Palmenpark auf Malta wässert und schnei-
det ein Gärtner sorgfältig Bäume unterschiedlichs-
ter Herkunft: Zu Deinen Lebensaufgaben gehört
es, Dich genau kennenzulernen und zu beginnen,
Deinen eigenen Weg bewusst und kontrolliert zu
bestimmen.

15. Juni

Ein lang ersehnter Monsunregen geht über einem
Küstenstreifen am arabischen Golf hernieder: Wenn
Du Dich zu Gott wendest und einen Schritt auf ihn
zugehst, kommt er Dir Hunderte von Schritten ent-
gegen. Mach Dich auf Deinen ganz eigenen Weg zur
Wahrheit.

16. Juni

Ein peruanischer Indianer wandert mit einer Bambus-
flöte in der Hand durch eine fremde Stadt in Europa:
Du fühlst tiefe Sehnsucht nach einem Lebenssinn, der
überall auf der Welt und für alle Menschen gilt. Du
findest ihn in Deinem eigenen Süpirit.

17. Juni

Eine Gerichtsverhandlung endet so, dass sich alle Beteiligten erleichtert fühlen: Dieses Leben kann zur Befreiung von alten Karmalasten und zu einem echten Neubeginn führen, wenn Du Dich für die Kraft des Heiligen Geistes öffnest.

18. Juni

Ein Kolibri schwirrt von Blüte zu Blüte, wobei sein Gefieder die Sonnenstrahlen in tausend Farben widerspiegelt: Du siehst, dass das Leben schön sein kann und solltest Dir die «Erlaubnis» geben, das auch selbst erleben zu dürfen.

19. Juni

Eine Schönheitskonkurrenz am Strand verlangt, dass die Frauen, die daran teilnehmen, sich über ihr Leben äußern: Du wirst aufgefordert, Deine Werte und Ideale immer wieder zu überprüfen und dann entsprechend Deiner Einsichten zu leben.

20. Juni

Eine rote Sonne, die Tag und Nacht am Himmel der Seele strahlt, solange der Mensch lebt: In Dir sind der Makrokosmos und der gesamte Himmel – Du brauchst in diesen «Tempel» mit Deiner Seele nur einzutreten.

Der Krebs
und seine Engel

21.6.–22.7.

Der Tierkreiszeichenengel ist Muriel.
Vergib und erfahre, wie Dir vergeben wird.

«Ich fühle», heißt die zentrale Botschaft Deines Tierkreiszeichenengels Muriel. Spüre in Deine eigenen früheren Erlebnisse und Deine Bedürfnisse hinein, um Dich besser auf andere einstellen zu können. Lass Dich nicht von Sentimentalität einfangen, sondern fühle mit dem Herzen.

Dein Schutzengel ist der Engel des Erfolgs.
Stell Dich auf Problemlösung ein, wenn Du echte Lebenshilfe suchst.

Dein Wesensengel ist der Engel der Geduld.
Du lässt Dir Zeit, die Dinge sich in Ruhe entwickeln

zu lassen. Achte dabei auch auf Deine eigenen Interessen. Es ist gut, sich in Geduld üben zu können. Gleichwertig ist jedoch notwendig, dass Du die Unterscheidungskraft besitzt zu erkennen, dass auch Deine eigenen Anliegen berechtigt sind.

Dein Liebesengel ist der Engel des Friedens.
Es ist wichtiger, die Tage in Frieden zu verbringen, als jeder noch so berechtigten Gemütsanwandlung nachzugeben.

✎ · ✎

21. Juni
Ein Matrose holt eine zerschlissene Flagge ein und hisst eine neue: Du kommst nicht umhin, alt-überlebte Verhaltensmuster abzulegen und neue, sinnvollere zu verwirklichen.

22. Juni
Eine Drachenfliegerin blickt von hoch oben auf Hügel und Täler, Wälder und Wiesen unter sich herab: Du kannst dieses Leben nutzen, um Deinen Blickpunkt entscheidend zu erweitern. Dazu sind Mut, Disziplin und Visionen notwendig.

23. Juni
Ein Hunza führt sein Yak-Rind auf einem schmalen Steig auf einen heiligen Berg: Du sollst auch dann vo-

rangehen, wenn Du mit großer Verantwortung allein einen schwierigen Weg gehst. Vergiss nicht, dass Deine Engel immer bei Dir sind!

24. Juni

Eine hungrige Katze streitet und spielt mit einer Maus, bevor sie sie frisst: Du kommst nicht mit Selbstgerechtigkeit weiter, sondern nur mit Demut und der Bereitschaft, alle Lebewesen als Teil der göttlichen Schöpfung zu erleben.

25. Juni

Ein Mann läuft am Ufer neben einem Boot, das den Fluss hinunterfährt, und bleibt erschöpft liegen: Aus eigener Kraft ist es sehr schwer, wenn nicht sogar unmöglich, Wahrheit und Sinn zu finden. Bediene Dich der Hilfe eines kompetenten Meisters.

26. Juni

Auf einem mit Nestern dichtbesiedelten Uferstreifen kümmern sich viele Seevögel um ihre Brut: Du bereitest Dich instinktiv darauf vor, dass Du über die Grenzen des körperlichen Lebens hinausgelangst. Lies und meditiere.

27. Juni

Waldgeister spielen in der Dämmerung Fangen und tanzen im Reigen: Du hast die Chance, Zusammenhänge zwischen den Kräften der Natur und ihren geistigen Gesetzen zu erkennen. Wenn Du danach suchst, wird Dir das Glück beiseite stehen.

28. Juni

Pinguine stolzieren wie kleine Menschen im Frack auf einer eisbedeckten Insel daher: Du hast den Willen, über das kleine Ich hinauszuwachsen. Ein spiritueller «Quantensprung» ist möglich, wenn Du das innere Licht erfährst.

29. Juni

Ein unbekleidetes kleines Indianermädchen versucht, im Bach mit bloßen Händen eine Forelle zu fangen: Du bist neugierig und eifrig bemüht, das Leben zu verstehen und mitzuspielen. Öffne Dich für die bewusste Arbeit auf der Seelenebene.

30. Juni

Ein Goldschmied schleift und poliert ein funkelndes Juwel auf vollendete Weise: Du sollst den größten Schatz in diesem Leben, das «Licht, das in der Finsternis scheint», entdecken, pflegen und zur Vollendung bringen.

1. Juli

Ein Karikaturist zeichnet mit wenigen witzigen Strichen, was die Menschen, die ihn umlagern, ausmacht: In leichter Weise kannst Du das wahre Wesen der

Menschen erkennen, und daraus die richtigen Schlüsse ziehen. Entwickle Verständnis für sie.

2. Juli

Eine dunkelhäutige Frau, die ein leuchtendes Kleinkind an der Brust hält und stillt: In jedem Menschen wohnt Spirit, jeder Mensch ist Kind und Erwachsener. Erfahre und verbreite die Liebe von Spirit!

3. Juli

Zwei ausgestreckte, nach oben offene Hände bitten um eine milde Gabe: Du wirst lernen (müssen), dass wir nur dann etwas erhalten können, wenn wir bereit sind, es anzunehmen. Leere das Gefäß Deines Gemüts, um frei für das Licht zu werden.

4. Juli

Ein altes Ehepaar stemmt sich einem starken Nordostwind entgegen und geht geduckt, aber stetig auf seinem Weg voran: In Dir will Furchtlosigkeit wachsen, damit Du Deine bereits vorhandene Stärke einsetzen kannst, Dein Ziel zu erreichen.

5. Juli

Nach einem Gelage werden gesättigte und müde Menschen schläfrig und suchen einen Platz, um sich hinzulegen: Hüte Dich vor nur vorübergehenden Formen der Zufriedenheit und nutze die Zeit zur Suche nach echtem Glück.

6. Juli

Auf einem Computerbildschirm erscheinen nacheinander eine Pyramide, ein Quadrat und ein Kreis: Du sollst in der Lage sein, Spirituelles, Mental-Emotionales und Physisches sinnvoll und kreativ zu leben. Finde Deinen Zugang dazu!

7. Juli

Menschen stehen bei einem Wasserfall und fangen mit geöffneten Händen erfrischendes Nass auf, um es zu trinken: Auch Du kannst die Quelle des ewigen Wassers des Lebens finden, von der Christus und die Heiligen sprachen.

8. Juli

Eine Henne kümmert sich wachsam um jedes ihrer vielen Küken, die immer wieder fortlaufen wollen: Dein Schutzengel achtet allezeit auf Dich und hofft nur, dass Du es ihm nicht allzu schwer machst, indem Du immer wieder Deinem Ego folgst.

9. Juli

Eine edle junge Frau und ein Handwerksbursche fahren auf einem Tandem durch die Lande: Du vermagst es, unbewusste höhere Impulse in den Alltag aufzunehmen und Traditionen aus der Vergangenheit mit Zukunftsvisionen zu verbinden.

10. Juli

Karneval in Venedig voller ausgelassener Menschen in Kostümen und mit Masken: Erkenne die Zeitlichkeit des irdischen Lebens und widme Dich der Erforschung Deines ewigen Seelenkerns.

11. Juli

Ein Flötenspieler entführt ein ausgewähltes Publikum in höhere seelische Dimensionen: Führe jede Arbeit, die Du machst, so aus, als ob Du damit den Beifall eines wachen Publikums finden wolltest, das Du zu Idealen erhebst.

12. Juli

Eine junge Frau steht am Strand und blickt an den Horizont in Erwartung eines Bootes, das den Propheten trägt: Erfülle Deine Sehnsucht nach Liebe und Licht, nach Sinn und Führung, indem Du einen echten, lebenden Propheten aufsuchst.

13. Juli

Ein Club versammelt sich zur wöchentlichen Debatte aktueller Themen: Tausche Dich regelmäßig über wichtige Themen aus, besuche spirituelle Zusammenkünfte und Meditationstreffen.

14. Juli

Drei Schiffspassagiere finden sich als Schiffbrüchige auf einer entlegenen Insel wieder: Anleitungen durch erwachte Seelen helfen uns. Allein sind wir im Meer des Lebens wie Schiffbrüchige. Suche nach Hilfe!

15. Juli

Ein Mann, umgeben von einer Aura der Kraft, geht durch eine Menschenmenge, die ihm den Weg frei-macht: Du sollst Deine innere Stärke entdecken, damit Du selbstbewusst auch unter schwierigen Um-ständen durch das Leben gehen kannst.

16. Juli

In einer reichhaltigen, gemütlichen Bibliothek sitzen Freunde und lesen in Büchern der Weisheit: Nimm Dir immer wieder Zeit und Muße, um auch mental die Fragen des Lebens in Ruhe zu durchdenken und Antworten anderer zu lesen.

17. Juli

Ein dunkles Unwetter braut sich zusammen und ent-lädt sich mit Blitz und Donner, ohne Schaden anzu-richten: Du erhältst eine Gelegenheit zur kraftvollen Entwicklung, wenn Du Hilfen von «oben» anzuneh-men bereit bist.

18. Juli

Eine dunkelhäutige Frau bringt ihren indianischen Mann zu ihrer Familie in Schwarzafrika: Du hast eine Aufgabe als VermittlerIn zwischen Kulturen, Religio-nen und Gesellschaftsschichten.

19. Juli

Im Orakel von Delphi liegen zwei frische Früchte in zwei Waagschalen: Du wirst aufgefordert, Deine eigene Unterscheidungskraft zu schärfen, um bewusst und richtig auszuwählen, was für Dich im Leben am besten ist.

20. Juli

Eine Dame aus bestem Hause richtet ihr Wort an einen Frauenverein: Wenn Du das in Dir entdeckt hast, was natürlichen Adel besitzt – das Seelenbewusstsein – dann kannst Du Dich an andere Menschen wenden.

21. Juli

Ein Adler zieht in hohen Himmeln seine Kreise: Wenn Du einen wirklichen Überblick über Dein Leben erhalten willst, musst Du Dich über die Ebene der körperlichen Sinne, der Gefühle und Gedanken erheben und nach innen gehen, ins Licht!

22. Juli

Delphine gleiten neben einem Ruderboot her und springen verspielt immer wieder in die Luft: Du bekommst ständig Unterstützung durch überbewusste geistige Wesen, die sich in Dingen offenbaren, die Dir in Deinem Leben Freude machen.

Der Löwe
und seine Engel

23.7.–22.8.

**Der Tierkreiszeichenengel
ist Verchiel.**
Fürchte Dich nicht,
denn Du bist nicht
allein.

Der Schlüs-
selsatz des En-
gels dieses Tier-
kreiszeichens ist: «Ich will». Achte darauf, dass
sich Deine Willenskraft auf den höchsten Willen
einstellt, und Du nicht Opfer eines kurzlebigen und
kurzsichtigen Egowillens wirst.

Dein Schutzengel ist der Engel der Meditation.
Der beste und höchste Schutz besteht darin, dass Du
durch Meditation zu Deinem wahren ewigen Wesen
findest.

Dein Wesensengel ist der Engel der Aufrichtigkeit.
Deine furchtlose Ehrlichkeit ehrt Dich, doch fühle
Dich auch in die Empfindungen anderer Menschen

ein. Du vermagst der Wahrheit sehr nahe zu kommen und vom Herzen her aufrichtig zu sein. Wenn Du diese Qualität mit liebevoller Achtsamkeit verbindest, kannst Du anderen Menschen noch mehr helfen.

Dein Liebesengel ist der Engel des Lichts.
Richte Deine Seele auf das innere Licht in jedem Menschen, und Deine Partnerschaften werden harmonisch sein.

࿇ · ࿇

23. Juli
Ein Kletterer schwitzt, und die Adern treten ihm am Kopf vor Anstrengung hervor: Wenn Du nicht mehr weiter weißt im Leben, sei Dir nicht zu gut dazu, um Hilfe von oben oder von innen zu bitten.

24. Juli
Schulkinder haben hitzefrei und nutzen die Freizeit, um in einem See herumzuplantschen: Nutze jede Möglichkeit zur meditativen Muße, zur Einkehr und zur fröhlichen Gelassenheit, die Du in der Hektik des Lebens findest.

25. Juli
Eine ältere Frau hat ihre Haare im Pagenschnitt schneiden lassen und betrachtet im Spiegel das Er-

gebnis: Älter zu werden bedeutet die Chance, dass Du Werte besser einschätzen und größere geistige Freiheit gewinnen kannst.

26. Juli

Ein Mann besucht ein Raumfahrtmuseum und bewundert die ausgestellten Raketen: Du spürst die Sehnsucht in Dir, mehr aus dem Leben zu machen; zur Erkundung der inneren Welten brauchst Du keine Raketen, sondern die Verbindung mit dem inneren Licht.

27. Juli

Im Osten geht ein völlig neuer Stern auf, der ein zauberhaftes Licht ausstrahlt: Du hast Interesse an den den Geheimnissen des Lebens, denen Du Dich öffnen lernen sollst.

28. Juli

Eine Grande Dame *und ein Teenager begegnen sich auf der Strandpromenade und bewundern sich gegenseitig:* Du sollst lernen zu erkennen, dass es jenseits der wandelbaren Formen gemeinsame unwandelbare Werte gibt, die Menschen in Sympathie zueinander führen können.

29. Juli

Über weiten Wüstenstrichen glitzern die Lichter der fernen Sterne: Makrokosmos und Mikrokosmos hängen eng zusammen; entdecke den Zauberstern am inneren Firmament am 3. Auge.

30. Juli

Ein fanatischer junger Mann hält sozialistische Brandreden: Du möchtest aus alten Formen oder groben Mitteln etwas Neues gestalten; wenn Du Dich dabei auf die Bedürfnisse der Umwelt einstellst, wirst Du große Hilfe durch die Engel erfahren.

31. Juli

In einer Werkstatt in Murano gestaltet ein Glasbläser eine wunderhübsche neue Form: Du bist auf dem Wege, eine neue Form des Selbstausdrucks für Dich zu finden, die das nach außen spiegelt, was Dir am Herzen liegt. Du schaffst es!

1. August

Auf den Wiesen und Büschen glitzert der Morgentau in der aufgehenden Sonne: Du musst lernen, zwischen Frische und Leichtigkeit im Umgang mit den kreativen Möglichkeiten des Lebens und der Freude an nur oberflächlichem Glanz zu unterscheiden.

2. August

Ein Mensch kniet unter freiem Himmel und betet zur höchsten Kraft, ihm eine Offenbarung zu senden: Wenn der Schrei der Seele Dein Herz erreicht, bitte die Kraft, die Dir die höchste ist, dass Du den Weg zu Selbstverwirklichung und Erleuchtung findest.

3. August

Kinder spielen unter einem ausladenden Laubbaum, der sie vor der brennenden Mittagssonne schützt: Nutze die Unbefangenheit und Naivität Deines Herzens, wenn Du Dich auf die Suche nach der Wahrheit Deines Lebens machst.

4. August

Die Kräfte der Natur haben so auf ein Bergmassiv eingewirkt, dass es riesige Köpfe zeigt, wie von einem Bildhauer geschaffen: Lerne Zeichen und Omen der Natur so zu deuten, dass sie Dir Hilfen auf Deinem Weg sind.

5. August

Eine Frau und ein Mann werden von einem wehenden Schleier umhüllt und verbunden: Du erfasst, dass zum Leben Yin und Yang, weibliche und männliche Kräfte gehören, und bemühst Dich, diese Ganzheit in Dir zu leben.

6. August

Ein abendliches Sommerfest unter bunten Lichtern lädt zur Freude in der Gemeinschaft ein: Es wird Dir leichterfallen, mit Menschen Wesentliches zu besprechen und voranzubringen, wenn dies in einer Atmosphäre der Entspannung geschieht.

7. August
Ein wandernder Handwerksbursche findet einen Ort, an dem er sich niederlässt und seine Werkstatt aufmacht: Wenn es Dich in die Welt hinauszieht, folge diesem Impuls; wenn es Dich zu Gott zieht, folge diesem Ruf ebenso. Du wirst gefunden!

8. August
Ein Cherubim schwebt über einem Menschen und flüstert der Seele etwas zu: Du hast tiefe Sehnsucht nach Erfahrungen höherer Dimensionen; Dein Schutzengel wird Dich geleiten.

9. August
Beim indischen Holi-Fest bewerfen sich die Menschen übermütig mit Farbbeuteln: Die Kräfte aus dem Unterbewusstsein können nur auf der irdischen Ebenen wirken; Du musst Seelenkräfte entdecken, um weiterzukommen.

10. August
Nach einem Gewitterguss dampfen Gärten und Wiesen, Felder und Wälder in der Sonne: Nach einer einschneidenden Lebenskrise findest Du wieder zurück zu den Quellen der inneren Kraft.

11. August

Ein schwarzer Gospel-Chor probt Amazing Grace und bringt die wenigen zufälligen Kirchenbesucher zum Weinen: Schiebe es nicht beiseite, sondern freue Dich über das unverhoffte Glück und nutze es, wenn Du einer wahren spirituellen Botschaft oder einem kompetenten Lehrer begegnest.

12. August

Eine Schulklasse setzt sich zwischen zwei Unterrichtsstunden für einige Minuten still zur Meditation hin: Einsicht in die Notwendigkeit, nicht nur irdisches Wissen zu lernen und körperlich-sinnlich zu leben, sondern auch geistig.

13. August

Ein Donaufährschiff ist voller weinseliger Touristen, die sich einen feucht-fröhlichen Tag machen: In Gemeinschaft fällt es leicht, die Beschwernisse und Absurditäten des Lebens zu vergessen; eines Tages musst Du Dich ihnen aber doch allein stellen und Antworten suchen.

14. August

Ein Doppeldecker im Kunstflug scheint dem Boden zuzurasen, bevor er sich wie von selbst wieder in die Lüfte erhebt: Lerne in diesem Leben, in der Welt zu sein und zu wirken, aber nicht von der Welt zu sein und als Opfer zu leben.

15. August

Maya-Indianer schreiten eine Steinpyramide hin-auf, um oben ein Sonnenritual durchzuführen: Der instinktive oder traditionsbedingte Ruf nach rituali-sierter Anbetung; finde in Dir eine formlose, geistige Anbetung Gottes!

16. August

Ein mutiger Reiter ohne Sattel hält sich bei einem Ro-deo an der Mähne eines wilden Mustangs fest: Wenn Du Dein Gemüt beherrschst, wirst Du zum höchsten Licht gelangen.

17. August

Ein leicht verwahrloster indischer Fakir demonstriert eindrucksvoll seine magischen Kräfte: Du neigst dazu, Deine Energien zu entwickeln und anzuwenden, ohne auf Äußerlichkeiten zu achten; auch diese haben ih-ren Platz.

18. August

Ein australischer Aborigine begleitet einen weißen Abenteurer bei einer Wüstendurchquerung: Ohne kundige geistige Führung, kannst Du den weiten Oze-an des Karmas nicht heil überwinden.

19. August

Sonne und Regen zugleich, ein doppelter Regenbogen entsteht: In den Wechselfällen des Lebens entsteht bisweilen ein Symbol, das an die zauberhafte Schönheit und die beglückende Ewigkeit des Seelenlebens erinnert; öffne Dich dafür!

20. August

Die Sonne geht im Osten langsam auf und lässt das Licht der Sterne verblassen: Auch auf dem geistigen Weg zu Wahrheit und Sinn gibt es graduelle Unterschiede des Lichts: Suche nach der Tagessonne, so schön Mond und Sterne sein können.

21. August

Eine Meeresnixe ruht an einem lauschigen Ufer und wartet auf den Prinzen, der sie erlösen kann: Du bist an einem kritischen Punkt in deiner Entwicklung angekommen; suche aktiv nach Hilfen durch Bücher und Anleitung durch Menschen.

22. August

Der Postbote bringt einen dicken Eilbrief mit exotischen Briefmarken darauf: Du wirst aus fernen Landen eine glückverheißende Botschaft erhalten, die Deiner Seele Befreiung bringt.

Die Jungfrau
und ihre Engel

23.8.–22.9.

Der Tierkreiszeichenengel ist Hamaliel.

Lausche auf die Botschaft der Engel, die vom Göttlichen künden.

«Ich analysiere» lautet der Kernsatz des Engels Deines Tierkreiszeichens, Hamaliel. Die rationale Analyse ist oft ein wunderbares Talent; die Einsicht des Herzens und der Einblick der Seele sind eine noch größere Gabe.

Dein Schutzengel ist der Engel der Vergebung.
Vergeben und vergessen, anderen Menschen und auch sich selbst die Chance zum Neubeginn einzuräumen, wird Dich auf Deinem Lebensweg wesentlich voranbringen.

Dein Wesensengel ist der Engel der Ordnung.
Du hast die Gabe, äußere und innere Ordnung zu erlangen; lass Dir dabei genügend Freiraum für spontanes Leben.

Lass Ordnung Dein Diener sein, nicht Dein Herr. Nutze Ordnungsprinzipien, um das Leben einfacher, schöner und fröhlicher, nicht aber, um es beschwerlicher zu machen.

Dein Liebesengel ist der Engel der Schönheit.
Gönne Dir die Freude am Schönen, an der Leichtigkeit des Seins, um das Potential der Partnerschaft aufblühen zu lassen.

☙ · ❧

23. August
Eine Malerin bringt die besten Seiten eines Menschen auf ihrem Bild zum Vorschein: Suche nach deinen schönsten Seiten, nach Deinen eigenen besten Fähigkeiten und bringe sie in Deinem Alltagsleben in die Wirklichkeit.

24. August
Die Sonne geht unter, wie von dunklem Trauerflor umhüllt: Wenn Du dieses Leben nicht dazu nutzt, Seelenbewusstsein zu entwickeln und Gott zu finden, hast Du es verschwendet.

25. August

Zwei Engel bringen Schutz für eine Familie, die sich in der Wildnis verirrt hat: Wenn Du bereit bist, Dein Antlitz Gott zuzuwenden, wird er Dir auch in der größten Not beistehen.

26. August

Ein weißer Obelisk ragt von einer sanften Anhöhe empor: Du kannst Deine höchsten Ideale auch dann anstreben, wenn Deine Umwelt Dich nicht versteht oder unterstützt.

27. August

Kinder verschiedener Hautfarben und Sprachen spielen miteinander, ohne sich an ihren Unterschieden zu stören: Jeder Mensch sucht nach Glück, jeder ein anderes und auf seine eigene Weise; erkenne, dass das höchste Glück nur in Dir selbst zu finden ist.

28. August

Auf der grünen Insel träumt ein sommersprossiges Mädchen von Elfen und Zwergen: Du verfügst über eine anmutige schöpferische Phantasie, die Du kreativ nutzen solltest.

29. August

Kinder fahren vergnügt auf einem lauten, kunterbunten Karussell: Achte darauf, dass Du nicht vom bunten, aber vergänglichen Glück gefangen wirst und vergeblich immer die gleichen Erfahrungen machst, ohne daraus zu lernen.

30. August

Junge Frauen in einer Wohngemeinschaft, die sich unter ihresgleichen wohlfühlen: Du hast das Geschick, dass die Umstände des Lebens Dir eine Entwicklung erlauben, in der andere einen Teil Deiner Verantwortung tragen. Sei dankbar dafür!

31. August

Ein kleines Mädchen im Rüschenröckchen macht ihre ersten Schritte in einer Ballettstunde: Wenn Du Disziplin mit Anmut verbindest, wirst Du auf Deinem Weg durch das Leben gut und weit vorankommen.

1. September

Ein moderner Künstler lässt seinen außergewöhnlichen Eingebungen auf einer Leinwand mit Pinsel und Farbe freien Lauf: Du kümmerst Dich nicht um den Beifall der Allgemeinheit, die dem geistigen Weg noch nichts abgewinnen kann. Bleibe so!

2. September

Ein Schauspieler mit zwei Gesichtsmasken steht auf einer Bühne und schaut in zwei entgegengesetzte Richtungen: Erfahre, dass Du Dein Bewusstsein nach außen in die Welt und nach innen in die höheren Welten richten kannst; meditiere.

3. September

Die Saiten einer ungespielten Geige fangen an zu schwingen, als dicht neben ihr ein Trommler seine Pauken schlägt: Deine Seele wird schwingen, wenn Du auch nur in die Gegenwart der erwachten, lichterfüllten Seele eines Heiligen kommst.

4. September

Eine Braut in weiß schilt spaßhaft ihren Bräutigam, der ihren Schleier vor der Hochzeitszeremonie heben will: Du weißt, worauf es Dir ankommt und gehst aktiv darauf zu; sorge dafür, dass Deine Wahl auch spirituell motiviert ist.

5. September

Ein politischer Redner überzeugt durch seine emotionale Ansprache eine frenetisch jubelnde Menschenmenge: Du kannst Energien transformieren und schöpferisch einsetzen; suche Dir lohnende geistige Ziele dafür.

6. September

Ein jungvermähltes Paar steht vor einem altehrwürdigen Familienstammbaum, der auf eine Wand gemalt ist: Achte, was die Vergangenheit und die Erfahrungen unserer Vorfahren uns lehren und bleibe offen für das, was Du jetzt lernen sollst.

7. September

Das Gemälde eines alten Meisters, ein vergoldeter Spiegel und ein seltener Duft: Du sollst über die Wertschätzung feinster materieller Werte ein Gespür für höhere geistige Ideale entwickeln.

8. September

Ein Parkführer zeigt Jugendlichen halbzahme Hirsche in einem Gehege: Stelle Dich auf die Einheit allen Lebens auf diesem Planeten ein und wirke aus diesem Bewusstsein heraus, wenn Du denkst, fühlst, sprichst oder handelst.

9. September

Auf Hawaii bricht ein Vulkan aus und glühende Lava fließt träge ins Meer, wo sie zischend erstarrt: Du empfindest einen großen inneren Druck, der sich irgendwie Bahn brechen will; der aktive Dienst am Nächsten und die stille Meditation sind zwei bewährte «Ventile».

10. September

Nach außen hin ernste und angespannte, aber innerlich aufgeregte Menschen sitzen rund um einen Tisch bei einer Séance: Du fühlst Dich zum Wissen über das Jenseits hingezogen und spürst, dass es noch mehr im Leben gibt; gehe dem nach.

11. September

Wasserskiläufer, die einen Geschwindigkeitswettbe-werb absolvieren, nähern sich unter großem Applaus der Ziellinie: Du kannst Ermutigung auf Deinem Weg zur Erfüllung finden, wenn Du Dich in der richtigen Gesellschaft aufhältst.

12. September

Siedler brechen mit einem Planwagen in den «Wil-den Westen» auf: Auch, wenn Du nicht alle Mittel zur Verfügung zu haben glaubst – materielle und an-dere –, solltest Du Dich auf die Suche nach dem Sinn und Ziel des Lebens machen.

13. September

Zwei Teams spielen Strand-Volleyball an der kalifornischen Küste: Du vermagst Dich auf den Fluss des Lebens einzulassen, die jeweiligen Her-ausforderungen anzunehmen und Deinen Part zu spielen.

14. September

Um ein kostbares Staatswappen, das mit Edelstei-nen besetzt ist, scharen sich staunende Bewunderer: Echte Werte vergehen nicht mit der Zeit; suche nach dem Schatz, der in allen Kulturen und Religionen die höchste Achtung genießt.

15. September

Eine Dompteuse gibt in der Zirkusarena Löwen, Tigern und Panthern unerschrockene Befehle: Du hast Vertrauen in Deine Fähigkeiten und den Mut, Neues zu unternehmen; wende diese Qualitäten auch auf dem Weg zur Innenschau an.

16. September

Ein Kinderbuch erzählt wunderschöne Fabeln voller Freude und Harmonie: Du kannst Dich auf die frische, direkte Art einlassen, mit der Kinder das Leben sehen; erhalte Dir das!

17. September

Eine herrliche Fahne flattert vor einem Regierungsgebäude im Herbstwind: Du besitzt die Gabe, Projekte bis zum guten Ende und zur allgemeinen Anerkennung durchzuführen; wende sie an!

18. September

Ein kleiner Junge spielt selbstversunken mit Marionetten einen Gottesdienst: Auch im Alltag wirst Du Impulse und Hilfen für Deine höchsten Ideale finden, wenn Du beginnst, Dich dafür mit schlichtem Herzen zu öffnen.

19. September

Vornehme ältere Damen genießen mit sichtlicher Freude ihren Fünf-Uhr-Tee: Du sollst einen persönlich angemessenen Weg zwischen unaufdringlicher Überlegenheit und reiner Selbstgefälligkeit finden.

20. September

Ein kraftstrotzender, untersetzter Mann mit Glatze führt in einer Versammlung von wichtigen Politikern das Wort: In Augenblicken der Not wächst Du über Dich hinaus und kannst kraft Deiner Persönlichkeit andere führen.

21. September

Gelehrte beugen sich über ein mysteriöses altes Pergamentmanuskript, das ihnen offenbar einige Geheimnisse enthüllt: Wenn Du Dich Deinem Lebensziel beständig und aufmerksam, energisch und liebevoll widmest, dann hast Du Erfolg.

22. September

Ein Familienvater ist froh, als er durch unerwarteten Besuch aus seiner Routine herauskommt: Alles, was Deinen geistigen Horizont erweitert, sollst Du dankbar und eifrig annehmen und verfolgen.

Die Waage
und ihre Engel

23.9.–22.10.

Der Tierkreiszeichenengel ist Zuriel (oder Uriel).
Sei dankbar für all die Gaben Deines Lebens.

Zuriel, der «Löser von Dummheit unter den Menschen», lädt Dich ein, auszugleichen. Seine Botschaft lautet: «Ich gleiche aus». Ein harmonischer Ausgleich bedeutet nicht Entscheidungsschwäche oder Bequemlichkeit, sondern aktive Teilhabe am Leben und demütige Dankbarkeit für alles, was Gott uns schenkt.

Dein Schutzengel ist der Engel des rechten Willens.
Entdecke, welche Kraft Dein Wille besitzt, wenn Du ihn richtig ausrichtest und bewusst einsetzt.

Dein Wesensengel ist der Engel der Fülle.
Du spürst die innere Fülle und brauchst manchmal nur einen kleinen Anstoß, um Dich darauf wirklich einzulassen. Entdecke Dein wunderbares inneres Potential und beginne mit jedem Gedanken, jedem Gefühl, je-

dem Wort und jeder Handlung Deinem vollkommenen Glück bewusst einen Schritt näher zu kommen. Der Segen und die Hilfe der Engel sind immer bei Dir!

Dein Liebesengel ist der Engel der Ausdauer.
Damit Deine Partnerschaft lebt und andauert, wird es Dir helfen, Dich geduldig in sie einzuleben.

～ · ～

23. September

Eine unansehnliche Raupe «stirbt» und entpuppt sich als ein wunderschöner Schmetterling: Du erwachst mit Sehnsucht nach dem inneren Licht und kannst erfahren, dass es in Dir ist!

24. September

Ein Orchester spielt in einem Kurpark eine herzanrührende Symphonie: Du erlangst Inspiration durch harmonische Kunst und wirst so daran erinnert, dass Du in Deinem Leben schöpferische Kräfte selbst bewusst einsetzen sollst.

25. September

Ein neuer Tag dämmert herauf und enthüllt eine völlig neue Welt: Wenn Du das Körperbewusstsein übersteigst und in die Astral- und Kausalwelt eintrittst, und dann noch höherkommst, sehen die Welt und Dein Leben völlig anders aus.

26. September

Pilger versammeln sich im Kreis zu einem stillen gemeinsamen Gebet: Eine spirituelle Gemeinschaft kann Dich dabei unterstützen, geistige Grundlagen zu festigen und zu meditieren.

27. September

Studenten hören angespannt auf den Vortrag ihres Professors: Erwirb Wissen und überprüfe es selbst; höre Worte der Weisheit und verwirkliche sie selbst; erlange die Verbindung mit dem inneren Licht und steige selbst ihn ihm empor.

28. September

Ein gläubiger Kirchenbesucher sieht, wie eine Marienstatue vor seinen Augen lebendig zu werden scheint: Wenn Du etwas wirklich möchtest, wenn Du aufrichtig um etwas Wesentliches betest, wird es zu Dir kommen.

29. September

Eine magische Heilerin füttert Vögel, die wegen eines von ihr gezähmten Falken verängstigt sind: Du sollst lernen, das Starke zu bezähmen, das Schwache zu schützen und Dich durch intelligentes Dienen zu wandeln.

30. September

In einem alten leeren Bauernhaus in Südfrankreich lodert ein Feuer im Kamin: Das innere Licht, das Du

in der Meditation am «dritten Auge» erfahren kannst,
nutzt Dir nur solange, wie Du in diesem Körper lebst;
hoffe nicht auf die Erlösung nach dem Tode, wenn
Du vorher nichts dafür getan hast.

1. Oktober

An einer hohen, breiten weißen Wand in einem Museum hängen drei alte Meister ganz allein: So, wie es
Meister der Malkunst gab und gibt, gibt es auch spirituelle Meister. Suche zumindest einen.

2. Oktober

Ein Skifahrer passiert eine schwierige Abfahrt und gleitet sicher auf einem breiten Hang voran: Du wirst auch
auf schweren Wegen sicher geleitet und beschützt.

3. Oktober

*Eine weise alte Frau teilt ihr Wissen um die Heilkräfte
der Natur mit einer Gruppe junger Menschen:* Wenn
Alt und Jung zusammenarbeiten und die Jungen bereit sind, von den Alten zu lernen, wird das Leben für
alle einfacher und schöner.

4. Oktober

Perlentaucher kommen nach einer von Erfolg gekrönten Suche wieder an die Wasseroberfläche: Suche
nach der Perle, die in der Tiefe der Seele unter den
bewegten Wassern des Gemüts liegt, finde das Juwel
des ewigen Lebens, den heiligen Gral.

5. Oktober

Ein fröhlicher Wettbewerb beim Kinderfest soll bestimmen, wer die größte Seifenblase machen kann: Du bist schnell von diesem und jenem angezogen; Du solltest wach werden für das, was Dich Deinem Lebensziel wahrhaft näherbringt.

6. Oktober

Der Besitzer einer Hacienda hält Siesta unter fruchtbeladenen, schattigen Mangobäumen: Wenn Du rechtzeitig die Bäume tätiger Liebe und lichtvoller Meditation gepflanzt hast, kannst Du in Ruhe die Reife der Früchte erwarten.

7. Oktober

Ein Lagerraum voll neuer symmetrischer Computerbauteile: Du sollst lernen, wie Du völlig neue Elemente, Einflüsse und Faktoren in Deine bisherige Lebensführung sinnvoll einbauen kannst.

8. Oktober

Nach einem mächtigen Sturm gehen Männer frohen Mutes daran, Schäden an Häusern zu reparieren: Du weißt, dass Du an Dir und Deinem Seelenhaus auch dann arbeiten musst, wenn es Rückschläge gibt.

9. Oktober

Ein Schiffer im Ruhestand sitzt am Kai und beobachtet, wie Schiffe ablegen und aufs weite Meer hinausfahren: Du kannst gelassen am Leben teilnehmen, ohne Dich aus Deiner Mitte reißen zu lassen, wenn Du jeweils selbst Dein Bestes tust.

10. Oktober

In einem Gerichtssaal wird rasch ein Fall nach dem anderen vor dem Richter abgehandelt: Du musst erkennen, dass es das Gesetz von Ursache und Wirkung gibt, das ewige, «Was Du säest, das wirst Du ernten». Verhalte Dich entsprechend.

11. Oktober

Robin Hood und seine Gesellen lauern einem geschützten Zug von reichen Kaufleuten auf: Du fühlst mit, wenn es Ungerechtigkeiten in der Welt gibt und möchtest am liebsten sofort etwas dagegen unternehmen; gehe weise dabei vor!

12. Oktober

Ein alter Rabbi beugt sich selbstvergessen in seinem Studium über den Talmud: Du hast Interesse, Dich geistig zu bilden und bist dafür bereit, in Kauf zu nehmen, dass Du Dich zeitweise zurückziehst; so baust Du an Deinem ewigen Haus.

13. Oktober

Viele Menschen genießen einen späten warmen, goldenen Oktobertag in der Natur: Du nimmst gern Anteil an den einfachen, volkstümlichen Dingen des

Lebens; vergiss darüber nicht das, wofür sich die meisten nicht interessieren.

14. Oktober

Vögel fliegen zu einem flachen Brunnen, an dem ein Kind spielt, und lassen sich dadurch nicht stören: Lebhaftes Begreifen der Bedürfnisse der Seele führen Dich dazu, nach dem zu suchen, was allen Geschöpfen gemeinsam ist: Gnade!

15. Oktober

Früh am Morgen kräht ein Hahn der gerade erst aufgehenden Sonne den Morgengruß entgegen: Du kannst in Dir selbst jeden Tag aufs Neue die Kraft und Freude finden, Dein Leben kreativ zu gestalten.

16. Oktober

Ein letzter Schmetterling fliegt leicht und unbekümmert von einer Herbstblüte zur anderen: Vom instinktiven Ich über das Tagesbewusstsein des menschlichen Lebens führt Dich Dein Weg in die Versunkenheit der Innenschau des göttlichen Lichts.

17. Oktober

Schuljungen beobachten, wie rote, gelbe und braune Blättern zu Boden taumeln: Wenn alle Form vergeht, wenn alles sich immer wieder wandelt, wird sich dann nicht auch Dein Körper und Dein Leben wandeln müssen? Finde das, was ewig ist!

18. Oktober

Ein Adler und eine weiße Taube verwandeln sich in einen einzigen Vogel: Dein Leben sollte materielle und spirituelle Ziele verfolgen, es sollte körperliche und geistige Werte verwirklichen. Meditation schließt Erfolg nicht aus.

19. Oktober

Ein Segelflugzeug gleitet still durch die klaren Lüfte eines blauen Himmels: Wenn Du Dich über die übliche Sicht des Lebens mittels der Sinnesorgane, der Gefühle und Gedanken erhebst, trittst Du in das Wunderreich der Seele ein.

20. Oktober

Einem Menschen, der in Schwermut zu versinken droht, kommen Engel zur Hilfe: Wer sich seinem Schicksal ganz öffnet, erhält auch spürbare Führung und Schutz von seinen Engeln. Öffne Dich dafür!

21. Oktober

Vor einem Vortragssaal stauen sich die Menschen, die auf Einlass warten: Folge dem Ruf, die Beschränkungen Deines Lebens zu überwinden und neues Wissen zu erwerben, das Dich frei machen kann.

22. Oktober

Ein Forscher entdeckt ungenutzte Bereiche des Gehirns: Jeder Mensch gebraucht nur einen sehr kleinen

Teil seines Potentials; entdecke Deine wundervollen spirituellen Möglichkeiten, indem Du die Engel in Dein Leben bittest.

Der Skorpion
und seine Engel

23.10.–21.11.

Der Tierkreiszeichenengel ist Barbiel. Gib der Freundschaft unter den Menschen eine Chance und lächle.

Dein Tierkreiszeichenengel Barbiel ruft Dir die Botschaft zu: «Ich wünsche». Die Wunschkraft ist gerade für Skorpiongeborene einer ihrer machtvollsten «Werkzeuge». Es kommt aber darauf an, dass Du Dir das wünschst, was Dir wirklich dient – weil auch Deine unbedachten Wünsche in Erfüllung gehen. Bitte Deinen Spirit um rechte Führung!

Dein Schutzengel ist der Engel der Sanftmut.
Bevor Du Dich leidenschaftlich engagierst, und sei es für das Beste, höre auf die Botschaft des Engels der Sanftmut.

Dein Wesensengel ist der Engel der Wiedergeburt.
Tief im Innersten weißt Du, dass Deine Seele unsterblich ist. Suche weiter nach Deiner wahren, ewigen Heimat.

Aus der Intensität des Leidens schwingt sich ein Phönix engelsgleich empor, wie durch das Feuer der enttäuschten Leidenschaften geläutert, um seiner Heimat entgegenzufliegen.

Dein Liebesengel ist der Engel der Weisheit.
Dauerhafte Liebe findest Du, wenn Du prüfst, wie und wem Du Deine Liebe schenkst und Dich nicht blenden lässt.

⋙ · ⋘

23. Oktober
Eine Reisegesellschaft folgt interessiert den Ausführungen der Reiseleiterin in einer fremden Stadt: Du bist bereit, Dein Leben als Ganzheit zu sehen und von anderen Menschen mehr zu lernen; suche auch nach einem geistigen Lehrer.

24. Oktober
Ein schon seit langem leeres Parfümfläschchen verströmt noch immer Wohlgerüche: Deine Seele nimmt die weisen Erkenntnisse der Vergangenheit wahr und erfreut sich daran; Du lernst daraus, dass ewige Wahrheiten nie vergehen.

25. Oktober
Eine Brieftaube mit einer Botschaft schwingt sich mit schnellem Flügelschlag in den blauen Himmel empor:

Du wirst aus unvorhersehbaren Quellen immer wieder wichtige Nachrichten über Deine Entwicklungsmöglichkeiten erhalten.

26. Oktober

Eine Gruppe Menschen feiert glücklich das Richtfest eines schlichten Hauses fernab der Städte: Du sollst in diesem Leben erfahren, wie Zusammenarbeit unter Menschen für ein hohes gemeinsames Ziel zur allseitigen Erfüllung führt.

27. Oktober

Ein junger Mensch trägt mit feierlichem Gesicht eine brennende weiße Kerze zum Altar: Du wirst aufgefordert, Dein eigenes inneres Licht leuchten zu lassen und Dich aktiv an der spirituellen Gestaltung der Welt zu beteiligen.

28. Oktober

Ein Felsmassiv aus Granit trotzt der Meeresbrandung seit Hunderten von Jahren: Du kannst in Dir einen Fels des Vertrauens und der Sicherheit finden, der Dich immer trägt.

29. Oktober

Zugvögel flattern umher, als ob sie unschlüssig wären, wohin sie fliegen wollten: Du spürst in Dir eine geistige Unruhe, als ob es Dich zu neuen Ufern und höheren Lebenszielen zieht, und bist Dir noch nicht ganz schlüssig, ob und wann Du damit Ernst machen sollst; warte nicht zu lange!

30. Oktober

Die Nachricht von Bodenschätzen bringt Trubel in einen entlegenen Landstrich, mit der Beschaulichkeit ist es vorbei: Wenn Du die Chance hast, wahre Werte zu erlangen, zögere nicht, auch wenn Deine Bequemlichkeit etwas leidet.

31. Oktober

Menschen an Gleitschirmen steigen im warmen Wind nach oben: Du weißt, dass es auch Deine Bestimmung ist, ins Licht zu gehen und hast noch Angst vor diesem Neuen; mit Hilfe der Engel und unter kundiger und liebevoller Anleitung durch einen Lehrer schaffst Du es.

1. November

In einem tiefblauen Bergsee spiegelt sich das weiche, weiße Licht des Vollmondes: Deine Seele wird vom Licht der transzendenten Weisheit beschienen, Du wirst von kosmischer Kraft berührt. Meditiere im inneren Licht.

2. November

Ein Chiropraktiker hilft Menschen, wieder zu einer natürlichen Haltung und Aufrichtung zurückzufinden: Der Mensch ist eine Ganzheit; zum erfüllten

Leben gehört auch eine gute Gesundheit, für die Du etwas tun kannst und musst!

3. November

Eine Klassenfeier von Ehemaligen, rund um ein nächtliches Lagerfeuer: In der Bruderschaft der Menschheit unter der Vaterschaft Gottes findest Du die Erhebung, nach der sich Deine Seele sehnt.

4. November

Eine mutige Frau springt einem Kleinkind nach, das in den Fluss gefallen ist und rettet es: Manche Menschen retten andere vor dem körperlichen Tode; wenige erleuchtete Seelen retten Menschen vor dem zweiten, geistigen Tod; suche nach einer solchen Erlöserseele.

5. November

Der Präsident eines Landes lädt zu einem Fest zu Ehren des diplomatischen Korps: Du hast den Ehrgeiz, dass Deine Leistungen auch öffentliche Anerkennung finden; freue Dich, wenn sie es tun, gräme Dich aber nicht, wenn das ausbleibt.

6. November

In einer Garage in Kalifornien sind zwei Studenten dabei, eine neue Computersprache zu entwickeln: Erlerne die Sprache der Menschen – von Herz zu Herz, und mache Dich auch mit der Sprache Gottes vertraut – in Gebet und Meditation.

7. November

Installationstrupps errichten weittragende Sender an strategisch günstigen Punkten im Lande: Du hast den Willen, Dich mit anderen Menschen zu verbinden und Dich mitzuteilen; dabei sollte es dann um die höchsten Menschheitsziele gehen.

8. November

Lachende Kinder spielen auf fünf Hügeln aus weißem Sand: Die fünf Sinne verbinden Dich mit der Außenwelt; die Wahrnehmungskraft der Seele – das innere Licht und der göttliche Klangstrom – verbinden Dich mit der Innenwelt.

9. November

Eine japanische Prinzessin lächelt verstohlen und entzückend ihren künftigen Ehemann an: Du fühlst, dass dieses Leben die Zeit Deiner Blüte sein kann, dass Du Dich in diesem Leben für wahre Freude und immerwährende Schönheit öffnen kannst.

10. November

Eine schwangere Malerin vollendet ein großes Gemälde: Du hast Vertrauen in Deine schöpferischen Fähigkeiten, sowohl in die irdischen wie in die geistigen; wende sie an!

11. November

Durch Herbstwälder mit buntem Laub führt eine romantische, kleine Straße: Wenn Du Höhen und Tiefen des Lebens durchmessen hast, wird in Dir das Licht des inneren Reichtums erstrahlen und Deine Seele wärmen und verklären.

12. November

Ein weißer, alter Papagei wiederholt das Gespräch, das er mitgehört hat: Es gibt immer Mittel und Wege, wie Gott uns zu sich zieht – wenn wir nur wollen; Du wirst Gott in diesem Leben finden, wenn Du ihn darum bittest und Dich öffnest!

13. November

Eine alte Frau reißt dunkle Vorhänge herunter, die den Pfad zu einem Heiligtum verdecken: Das Weibliche in uns weist uns den Weg zum Licht – es ist der Weg der Einfühlung, Hingabe und der Bereitschaft, Heiliges in Dankbarkeit aufzunehmen.

14. November

Ein Soldat ist bereit, sich wegen Befehlsverweigerung anklagen zu lassen, weil er Menschenleben schonen wollte: Du hast einen starken Gerechtigkeitssinn, der Dich vorwärtstreibt; der höchste Richter ist Gott.

15. November

Ein putziges weißes Kaninchen verwandelt sich in eine tanzende Elfe: Jeder Mensch hat die Chance, sich in diesem Leben zu wandeln und sein höchstes Potential zu erreichen – wenn er/sie es nur möchte und sich aktiv dafür einsetzt.

16. November

Menschen kehren gerührt und aufgewühlt nach Hause, nachdem sie die Seelenbotschaft eines Heiligen gehört haben: Außer der eigenen Meditation brauchen wir immer wieder die Inspiration durch einen lebenden Lehrer; suche ihn!

17. November

Ein Arzt erkennt die wahre Ursache der Krankheit eines Menschen und kann ihn mit der richtigen Behandlung retten: Dass wir nach spiritueller Erhebung suchen, heißt nicht, dass wir unseren gottgegebenen Verstand nicht mehr einsetzen.

18. November

Feen und Elfen, Zwerge und Gnome heißen den König des Feenlandes würdig willkommen: Die Einsicht, dass es nicht nur im weltlichen, sondern auch im geistigen Reich Menschen gibt, die weiter und höher sind als wir, wird Dir helfen, einen echten Lehrer zu suchen und zu finden.

19. November

Die Prinzessin fleht einen Inkakönig an, das Leben ihrer Söhne zu verschonen: Keine irdische Gerechtigkeit ist so absolut, dass sie nicht Barmherzigkeit und Gnade üben könnte und sollte; wo kannst Du selbst barmherziger werden?

20. November

Nomadisierende Indianer errichten gekonnt ihre Tipis und schlagen eilig ein neues Lager auf: Die erwachte Seele, die auf Wanderschaft durch diese Welt ist, weiß, dass ihr hier nichts gehört und dass nichts Irdisches von Bestand ist.

21. November

Der Auftakt der «närrischen Zeit» bietet Menschen ein Ventil, ihre bewussten und unbewussten Wünsche auszuleben: Lebe Deine Wünsche – in Maßen – ruhig aus, aber ohne jene höheren Ziele und Aufgaben aus den Augen zu verlieren, die Dich wirklich glücklich machen werden.

Der Schütze
und seine Engel

22.11.–21.12.

Der Tierkreiszeichenengel ist Adnachiel.

Öffne Deinen Geist und lass Dich ein auf universelle Liebe.

Adnachiels grundlegende Botschaft für Dich heißt: «Ich sehe». Es geht nicht nur darum, mit den physischen Augen zu sehen, sondern auch mit dem sogenannten dritten Auge der Seele. Du bist Seele und kannst als Seele sehen und wirken, wenn Du anfängst, die inneren Wunderwelten der Seele selbst wahrzunehmen.

Dein Schutzengel ist der Engel der Klarheit.
Du hast die Gabe, immer wieder eine deutliche Vision vom Ziel und Weg Deines Lebens zu sehen.

Dein Wesensengel ist der Engel der Spiritualität.
Deine Lebensaufgabe besteht zuallererst darin, den
Sinn des Lebens zu entdecken. Bete oder meditiere.
Spiritualität bedeutet nicht, dem Leben zu entsagen
und Eremit oder Asket zu werden. *Ein Heiliger, der
nicht lachen kann, ist ein trauriger Heiliger.* Suche
nach einem lebenden Vorbild und Lehrer, der Dir
praktisch helfen kann.

Dein Liebesengel ist der Engel der Toleranz.
Übe Nachsicht gegenüber Deinen Mitmenschen –
und fordere von ihnen und von Dir selbst nicht zu
viel.

❧ • ❧

22. November

*Ehemalige Olympiasportler veranstalten ein begeis-
tertes Erinnerungstreffen:* Du musst Dir erst erarbei-
ten, was Du eines Tages genießen können möchtest.
«Ohne Fleiß kein Preis».

23. November

Wellen mit weißen Gischthauben tanzen rhythmisch
unter den Winden: Lass Dich fröhlichen Herzens auf
die Herausforderungen und Wechselfälle Deines Lebens ein – tief unten fließt ein Strom von Vitalität und
Stärke.

24. November

Zwei alte Griechen sitzen bei einem gemütlichen Backgammon-Spiel zusammen: Du hast gelernt, Deinem eigenen Urteil zu trauen und Deine Intelligenz einzusetzen; setze es auch bei der Frage nach dem Sinn des Lebens ein.

25. November

Ein Kleinkind macht seine ersten wackligen Gehversuche, während die stolzen Eltern die Premiere filmen: Mitgefühl und Güte werden Dir mehr helfen als analytische Schärfe und gebildete Logik; öffne Dich für diese Art von Liebe.

26. November

Eine Eule auf einem hohen, alten Baum beäugt in der Dämmerung aufmerksam das Treiben im Walde unter sich: Du kannst das Drama des Lebens gelassen «von oben» beobachten und vorüberziehen lassen, wenn Du innen verankert bist.

27. November

Eine buntgekleidete arabische Festgesellschaft beobachtet ein dramatisches Kamelrennen durch den Wüstensand: Es darf Dir ruhig Freude machen, wenn Du Deine Fertigkeiten erfolgreich zum Wohle aller Beteiligten anwendest.

28. November

Der Liebesgott und der Engel Amor schießen unsichtbare Pfeile auf zwei menschliche Herzen ab: Es gibt für jeden Menschen «genug» Glück – wenn wir nur bereit sind, uns dafür zu öffnen bzw. es an der richtigen Stelle zu suchen.

29. November

In einer Supernova, die am fernen Himmel aufflammt, entstehen neue Energien und Elemente: Es ist Dir bestimmt, zu Deinem wahren Sein von Licht, Energie und Erfüllung zu finden; Du kannst über das «dritte Auge» dorthin gelangen.

30. November

Eine Mutter geht mit ihren Kindern an der Hand eine breite, einladende Prunktreppe zu einem Schloss hinauf: Die Entwicklung Deines Seelenbewusstseins erfolgt Schritt für Schritt und geht leichter mit Führung und Hilfe.

1. Dezember

Die Glücksgöttin Fortuna dreht an einem karmischen Rad in Form einer Lottoglückstrommel: Das materielle Glück ist nur ein Aspekt von «Glück», ein kleiner; die wichtigere Seite von «Glück» ist Liebe, Freude, Dienst und Aufgehen in Gott.

2. Dezember

Das «ewige Licht» in einem Tempel wirft einen milden Schein auf ein archaisches Gottessymbol: Urtümliche Bilder bestimmen unsere Einstellung zum Leben; finde zu denen, die Dir ganz persönlich helfen, Erleuchtung zu finden.

3. Dezember

Ein Skorpion wird ins Feuer geworfen und steigt als Phönix aus der Asche wundersam gewandelt empor: Großes Leid und unvorstellbares Glück liegen dicht beieinander; bevor Du Dein altes Wesen nicht aufgibst oder loslässt, kann sich Deine Seele noch nicht in die Weiten des Himmels erheben.

4. Dezember

Eine junge Witwe, schwarz gekleidet, verliebt sich zu ihrer eigenen Überraschung wieder neu: Du hörst den ewigen Ruf nach Erfüllung durch wahre Liebe und wirst jetzt von der Seele her bereit, auf diesen Ruf zu hören.

5. Dezember

Die Sage der sieben Weltwunder der Antike locken einen Reisenden, nach ihren Überresten zu suchen: Du ahnst, dass Du schon mehr als einmal auf dieser Welt warst, und suchst in der Vergangenheit nach Hinweisen für Gegenwart und Zukunft.

6. Dezember

In einem heiligen Hain versammeln sich Gottessucher bei Sonnenaufgang, um gemeinsam um Hilfe und Führung zu beten: Wenn Du Dich zusammen mit Gleichgesinnten auf einen geistigen Weg begibst, hast Du mehr Auftrieb und Ausdauer.

7. Dezember

Am Kap der guten Hoffnung spielen fröhliche Kinder unter der heißen Sonne, geschützt von Sonnenhüten: Du bist beschützt und genießt, dass Du Deiner Lebensfreude Ausdruck verleihst.

8. Dezember

Von Wanderern aufgestört, steigt eine Schar von Zugvögeln aus dem hohen Norden in die Lüfte auf, und fliegt mit unbekanntem Ziel von dannen: Du merkst, dass Du Dich bald innerlich neu orientieren und nach einem lohnenden Ziel des Lebens suchen musst, auch wenn Du jetzt noch nicht weißt, was das sein könnte.

9. Dezember

Männer legen eine unterirdische Kaverne an, um dort Wintereis für den Sommer zu lagern: Jede Aufgabe hat ihre eigene Zeit – nicht jede Zeit ist für alles geeignet; sorge dafür, dass Du Deinen Lebenssinn zur rechten Zeit anstrebst.

10. Dezember

Ein kleiner Junge mit Brille setzt im Spiel mit seinem jungen Hund diesem auch eine Brille auf die Nase: Phantasie und Spielfreude können Dich ein gutes Stück voranbringen.

11. Dezember

Pakistanische Gastarbeiter kehren in ihre Heimat zurück und feiern dies mit einem großen Festessen: Wenn die Seele in ihre Heimat zurückkehrt, ist das der echte Tag der Geburt!

12. Dezember

Eos, die Göttin der Morgenröte, verheißt den Menschen einen neuen Tag voller Möglichkeiten: Wenn Du bereit bist, auf jeden Tag ganz neu und frisch zuzugehen, dann wirst Du an jedem Tag in Deinem Leben wunderbare Chancen finden.

13. Dezember

Ein blauer Eisvogel lässt sich auf einer kleinen Fischerhütte am großen See nieder: Glück und Segen auf all Deinen Wegen, Schutz und unerwartete Hilfe; sei und bleibe aufrichtig!

14. Dezember

In Pelzmäntel und Fellmützen gehüllte Kinder werden in einem prächtigen Pferdeschlitten durch den Schnee gezogen: Du kannst Dir Deine eigene Realität schaffen, wenn Du begrenzte Ich-Ziele und alte Verhaltensmuster aufgibst.

15. Dezember

Ein abgehärteter Mann steigt ins eiskalte Wasser eines Flusses, um ans andere Ufer zu schwimmen: Wenn Du ganz allein das Leben entschlüsseln und den Tod überwinden möchtest, brauchst Du fast übermenschliche Kräfte; einfacher wäre es, um Hilfe zu bitten.

16. Dezember

Ein Holzbildhauer in Sankt Ulrich schnitzt eine meisterhafte Madonna im burgundisch-frühgotischen Stil: Lass Dich von der Ehrfurcht vor den alten Meistern anrühren und stelle Deine Fähigkeiten in den Dienst einer höheren, dauerhaften Sache.

17. Dezember

Eine kunstvolle Brücke antiker Baumeister einer vergessenen Kultur spannt sich noch heute tragsicher über einen Strom: Die Verbindung zwischen der alten Weisheit und dem Leben von heute sind Menschen, in denen das Licht jetzt weiterlebt.

18. Dezember

Ein dicklicher Mann gräbt Beete um, um durch Schwitzen abzunehmen: Mit beharrlichem Einsatz kannst Du auch dann spirituell weiterkommen, wenn

Du glaubst, dass es Dir an «Talent» oder «Inspiration» fehlt; meditiere jeden Tag!

19. Dezember

Der Papst hält Audienz in einem Saal im Vatikan: Achte darauf, ob Dir das, was Dir ein geistiger Lehrer zu sagen hat, ganz persönlich im Alltag weiterhilft.

20. Dezember

Ein Schamane fordert seinen Stamm auf, eine Entscheidung über die Wahl des Häuptlings zu treffen: Wenn Du Dich aus eigener Kraft nicht selbst entscheiden kannst, bitte um einen geistigen Beistand; dann fasse Mut und wage, Entscheidungen zu treffen!

21. Dezember

In einem Fitnessraum strampeln sich Frauen und Männer ab, um auch im Winter in Form zu bleiben: Du spürst, dass Du etwas für Dich und Deinen Lebenslauf tun musst; denke daran, ganzheitlich zu arbeiten – körperlich, emotional-mental und spirituell!

Der Steinbock
und seine Engel

22.12.–20.1.

**Der Tierkreis-
zeichenengel ist
Hanael.**

Erblicke in den Augen der Menschen den Ausdruck
der Sehnsucht ihrer Seele.

Das Schlüsselwort Deines Tierkreiszeichenengels
heißt: «Ich nutze». Du kannst in diesem Leben lernen, was der Seele und ihrem Fortschritt auf
dem Weg zurück zur Quelle wirklich
nutzt und was nicht.

**Dein Schutzen-
gel ist der Engel der
Erkenntnis.**

Erkenne das Gesetz von Ursache und Wirkung, das
in himmlischen Gefilden und auf Erden wirkt, und
handle entsprechend.

Dein Wesensengel ist der Engel der Arbeit.
Du bemühst Dich um ein stabiles Fundament in Deinem Leben. Die sicherste Burg ist bekanntlich Gott.

Arbeite, um zu leben und zu dienen. *Ora et labora,* bete und arbeite, das ist der Wahlspruch eines Kirchenordens. «Arbeit ist sichtbar gemachte Liebe», heißt eine Einsicht. Arbeite, aber gib auch der Freude genug Raum!

Dein Liebesengel ist der Engel der Lösung.
Entdecke, was Dich frei macht, den Segen der Liebe in Deinem Leben zu erfahren und öffne Dein Herz dafür.

❧ • ❧

22. Dezember
Die große Rosette aus buntem Kirchenglas hoch oben in einer wunderschönen Kathedrale ist von Vandalen beschädigt worden: Du sollst in diesem Leben lernen, Deiner höchsten, innersten Wahrheit auch dann zu folgen, wenn andere dagegen sind.

23. Dezember
Die Fee Morgaine entschwebt durch die Nebel von Avalon ins ferne weiße Licht: Lass Dich von Deinen Seelensehnsüchten inspirieren, das scheinbar Unmögliche zu erreichen: Erfüllung, Gnade, Erleuchtung!

24. Dezember
Ein altes Holzboot mit einer feiernden Hochzeitsgesellschaft tuckert langsam auf dem Dubai Creek um-

her: Wenn Spirit Segen gibt, ist alles wohlgetan; bitte um diese Gnade!

25. Dezember

In weiten Wüstenlanden sitzen Beduinen unter dem klaren, kalten Sternenhimmel rund um ein wärmendes Feuer: Wahrheit und Schönheit findest Du meist nicht an lauten Orten, sondern dort, wo sich wenige bewusste Menschen versammeln.

26. Dezember

Zehn Türen gibt es in einem Labyrinth, neun führen nach außen, nur eine nach innen zum Heiligen Gral: Augen, Ohren, Nase, Mund sowie Geschlechts- und Ausscheidungsorgane führen die Sinne nach außen; das «Einzelauge» zwischen und hinter den Augenbrauen ist das zehnte Tor, das nach innen aufgeht.

27. Dezember

Ein ägyptischer Hohepriester beschwört die Kraft von Isis und Osiris: Um in die Geheimnisse des Lebens einzudringen, bedarfst Du der äußeren und inneren Sammlung; zur äußeren dienen Rituale, zur inneren Meditation am Sitz der Seele.

28. Dezember

An einem dunklen Wintertag singt ein Kanarienvogel in einer warmen hellen Stube, in der er frei herumfliegen kann: Gib Deiner Seele Raum, frei zu fliegen – dann wirst Du zu einer ganzheitlich integrierten, glücklichen Persönlichkeit.

29. Dezember

Ein Engel, der eine Harfe trägt, kommt durch eine himmlische Gasse zu Menschen, die ihn nicht wahrnehmen: Die Engel sind alle Tage bei uns, auch wenn wir sie nicht bemerken; lausche auf den himmlischen Klang, der ein ganzes Leben lang in Dir ertönt.

30. Dezember

Vor der australischen Küste schwimmen und spielen junge Leute mit freundlichen Delphinen: Durch Sanftmut und Kultivierung erreichst Du die Herzen anderer Menschen – das wird nicht nur sie berühren, sondern auch Dich erfüllen.

31. Dezember

Am Ende eines langen, dunklen Weges steht eine große Waage mit zwei Waagschalen; auf einer liegt eine Feder, die andere ist leer: Wenn Deine Seele auf Wahrheit und das Unvergängliche gerichtet ist und nicht (mehr) an der Welt festhält, ist sie leichter als eine Feder und der Todesengel kann Dich nicht zum Richter führen.

1. Januar

Ein großartiges Feuerwerk feiert das Neue Jahr: Die Vielfalt und Schönheit der äußeren Welt ist nichts im Vergleich zu den funkelnden Juwelen, den gleißenden

Lichtern und den Quellen des göttlichen Nektars im Inneren; suche sie!

2. Januar

Professoren tragen ihre neuesten Erkenntnisse über die Erforschung der Wunder der Natur vor: Jede Methode kann ein Mittel zum Zweck sein, Wahrheit zu erkennen; durchdringende Forschung führt zum selben Ziel wie Liebe.

3. Januar

Unter den Eisgipfeln des Himalayas meditiert ein Yogi, ohne auf die Kälte zu achten: Wenn Du lernst, völlig in Dir zu ruhen und im Seelenbewusstsein verankert zu sein, wirst Du immerwährende Glückseligkeit finden.

4. Januar

Im Dschungel von Tikal findet eine Expedition unbekannte Bildreliefs der Mayakultur: Das Innerste jedes Menschen ist unsterblich und überdauert die Zeiten; finde Dein Wesen!

5. Januar

Eine Frau bringt Spielsachen in ein Kinderkrankenhaus: Auch, wenn Du sonst nichts tun kannst, um Leiden zu lindern – eine gütige Zuwendung des Herzens, freundschaftliche Worte und liebevolle Seelenschwingung helfen immer allen Menschen.

6. Januar

In einer Schule hängen Mäntel und Jacken fein säuberlich nebeneinander aufgereiht an Haken an der Wand: Die Zeit des Lebens und Lernens verrinnt schnell; Ordnung hilft Dir, die Zeit sinnvoll zu nutzen.

7. Januar

Eine Frau reist in ein südliches Feriendorf, um ihretwillen neue Erfahrungen möglich zu machen: Habe den Mut, etwas Ungewöhnliches zu tun, was Deinen tiefsten Bedürfnissen entspricht und Dir wohltut!

8. Januar

Auf einem selbstgebauten Schiff, mit dem ein Pärchen gerade den Atlantik überquert hat, flattert stolz eine eigene Flagge: Wer auch immer Dir hilft, das Meer des Lebens unbeschadet zu durchqueren, ist Dein wahrer Freund, Dein echter Seelenpartner.

9. Januar

Ein kleines Mädchen ist stolz, der Mutter bei der Erledigung von Einkäufen zu helfen: Du bist fähig, Aufgaben zu übernehmen und Herausforderungen zu bewältigen, die über das durchschnittliche Maß an Belastungen hinausgehen.

10. Januar

In einer sonst leeren Kirche erschallt der würdige Gesang eines Chors, der von einer Orgel beglei-

tet wird: Sogar in den dunkelsten Stunden Deines Lebens erklingt im Inneren eine göttliche Musik und ein helles Licht scheint, das Dich begleitet und schützt.

11. Januar

Ein geschlagener Rennläufer schüttelt dem Sieger anerkennend die Hände: Entdecke den «Wettbewerb», bei dem es keine Konkurrenten und nur Sieger gibt – die Erhebung der individuellen Seele in der Meditation über Gott.

12. Januar

Eine Frau geht in eine spirituelle Lebensgemeinschaft, um Orientierung und Sicherheit zu finden: Frage Dein Herz, wo es zu Ruhe und Frieden findet – und suche nach diesem Ort, bis Du dort anlangst; es gibt ihn wirklich!

13. Januar

Zwei Buben tollen übermütig auf den weichen Teppichen eines Orientteppichladens umher: Du sollst lernen, über die ersten feineren Sinneswahrnehmungen hinaus ein Gespür für jene Ebene zu entwickeln, die «übersinnlich» ist.

14. Januar

Ein Wassergeist tanzt im flirrenden Sprühregen eines eisigen Wasserfalls: Dein Geist hat eine eigene Realität, die mit den Körpersinnen nicht erfasst werden kann; beginne, mit dem inneren Auge zu sehen.

15. Januar
Eine winterliche Bergbesteigung erlebt ihren Höhepunkt, man sieht die Welt unter sich und spürt den Frieden über sich: Damit Du Dein Leben richtig erkennst, musst Du Dich zumindest zeitweise darüber hinaus erheben und von oben schauen.

16. Januar
Eine kleines Mädchen mit langem goldblondem Haar wartet geduldig im Schnee, bis eine gute Seele sie mitnimmt: Wenn Glauben, Hoffnung und Demut stark genug sind, wird Deine Seele durch die Gnade des Himmels mit Sicherheit erlöst.

17. Januar
Singvögel, die sonst nur im Sommer zu sehen sind, schwirren fröhlich in einem großen, beheizten Vogelhaus herum: Wer als bewusste Seele lebt, wird nicht durch geographische Orte, klimatische Umstände oder soziale Bedingungen begrenzt.

18. Januar
Eine türkische Seherin liest aus dem Kaffeesatz einer Damengesellschaft: Du hast das Verlangen, mehr über Dich und Deine Lebensaufgaben zu erfahren;

lies gute Bücher, bete zu Gott, meditiere unter der Anleitung eines echten Meisters.

19. Januar

Ein verschwiegenes Treffen von Vertretern großer Firmen, die über neue Marktstrategien konferieren: In Dir stecken ungeahnte Kräfte, die Du mobilisieren kannst; der Zugang dazu ist still, persönlich und innerlich.

20. Januar

Ein Pärchen macht einen erholsamen Winterurlaub auf der grünen Insel Gozo bei Malta: Auch unter schwierigen Bedingungen kannst Du Zeit für Muße und seelische Erfrischung finden – wenn Du Dir das nur selbst erlaubst!

Der Wassermann
und seine Engel

21.1.–18.2.

**Der Tierkreiszeichenengel
ist Gabriel.**

Wahre Freiheit ist die Entscheidung, dem Göttlichen im Leben Raum zu geben.

«Ich erkenne», sagt Dein Tierkreiszeichenengel Gabriel zu Dir. Er war der Überbringer des Korans, er ist der Mittler göttlichen Wissens. Bemühe Dich um echte Weisheit, die den Menschen dient.

Dein Schutzengel ist der Engel der Selbstverwirklichung.
Du brauchst das Gefühl, dass Du immer mehr zu Dir selber kommst, um glücklich zu sein. Komme zu Dir!

Dein Wesensengel ist der Engel des Wortes.
Dein Austausch mit anderen hilft Dir und den Mit-

menschen zu erkennen, was wesentlich im Leben ist. *Sprich, was wahr, notwendig und liebevoll ist,* sagen große selbstverwirklichte Seelen. Du wirst aufgefordert, dem nachzueifern.

Dein Liebesengel ist der Engel der Musik.
Erfreue Dich an den harmonischen Schwingungen wundervoller Musik, am besten an den Melodien des Himmels.

☙ · ❧

21. Januar
Die braunen Lehmziegelhäuser von Santa Fe passen sich in die Landschaft ein und sind von Weitem kaum zu erkennen: Du hast die Gabe, Dich in Situationen hineinzufinden und Dich anzupassen, und dabei trotzdem Deine Ideale zu bewahren.

22. Januar
Ein unerwarteter Gewitterregen bringt ausgedörrten Feldern frische Kraft: Du erfährst in diesem Leben eine Befreiung und Erfrischung der Seele, die Dir Glück bringt. Sei offen!

23. Januar
Ein Schamane auf Vortragstournee heilt einen Zuhörer, dem plötzlich übel wird, mit seiner indianischen Medizin: Du trägst in Dir heilende Kräfte, die über

Deine normalen Fähigkeiten weit hinausgehen. Entwickle sie auf weise Art.

24. Januar

Politikern gelingt der Durchbruch zur friedlichen Beilegung eines Konflikts, weil sie auf weise Eingebung hören: Richte Dich in Deinen Entscheidungen, vor allem den besonders problematischen, immer an einer spirituellen Führung aus.

25. Januar

Ein Einsiedler führt in seiner Felsbehausung eigentümliche mystische Rituale zur Anrufung des Großen Geistes durch: Du spürst den unwiderstehlichen Drang in Dir, höhere Dimensionen und die Wunder der inneren Welten zu erfahren.

26. Januar

Aus dem scheinbaren Nichts im Dunkel des Kosmos bricht Licht hervor und eine neue Galaxie wird geboren: Das unsichtbare Gesetz des Karmas gebiert immer wieder neue Fesseln, eiserne oder goldene. Durch das innere Licht kannst Du Dich vom Karma befreien lassen. Suche danach!

27. Januar

Fotomodelle führen unter großer Bewunderung die Mode der kommenden Saison vor: Du wirst von der Vielfalt der vergänglichen Formenwelt sehr fasziniert und sollst Dein Augenmerk mehr auf das Bleibende richten.

28. Januar

In der Lichtmeditation am dritten Auge gelangt ein Mensch durch den großen Stern hindurch zum weißen Vollmond: Das ist keine Metapher, sondern erlebbare Wirklichkeit. Wende Dich nach innen, zum Sitz der Seele, und erfahre Licht und Glück.

29. Januar

Eine Sängerin plant unverdrossen einen neuen Anlauf, nachdem ihr Stern der Popularität ins Sinken gerät: Du hast die Fähigkeit in Dir, Dich auch unter schwierigen Umständen wieder neu auf den Weg zu machen und voranzuschreiten – aktiviere diese Gabe!

30. Januar

Ein Künstler zieht sich von der Welt des Marktes und der Galerien zurück, um neue Inspirationen zu gewinnen: Wenn Du entscheidend vorwärts willst, musst Du erst Einkehr halten.

31. Januar

Die Stufen einer Treppe symbolisieren die Schritte in der Entwicklung der Seele auf dem Weg zurück zur Schöpferkraft und Einheit: Es sind viele einzelne Schritte, die es geduldig und beharrlich auszuführen gilt, bevor Du in die höheren Ebenen kommst.

1. Februar

Ein Wetterhäuschen an einem stillen Landhaus zeigt an, wie Luftdruck, Temperatur und Feuchtigkeit sind: Ziehe immer wieder einmal Bilanz und stelle fest, wo Du im Leben stehst, welchen Zielen Du folgst und was für Dich jetzt wichtig ist.

2. Februar

Ein steiler Bergpfad durch eine enge Schlucht bietet eine Abkürzung, um zur nächsten Bergbahnstation zu gelangen: Der schnellste Weg zurück zu Gott ist der Weg der Liebe, Demut und Hingabe, also der Weg des Aufgebens des kleinen Ichs.

3. Februar

Zwei Vögel singen und zwitschern ihr Lebensglück in der erstmals wärmenden Mittagssonne: Suche nach Gleichgesinnten, weil ihre Gesellschaft Dir hilft, auf dem Weg der Bewusstseinsentwicklung rasch und gezielt vorwärtszukommen.

4. Februar

Ein Architekt steht über einen großen Plan gebeugt und durchdenkt Alternativen: Es macht Sinn, dass Du Dir mental darüber klar wirst, was Du im Leben willst und dieses dann intelligent planst, um es schließlich zu verwirklichen.

5. Februar

Ein Goldsucher im Urwald Brasiliens schläft ermattet ein, während sein Hund neben ihm Wache hält: Du erhältst Hilfe aus den Reichen der Natur, wenn Deine eigene Kraft nicht mehr ausreicht. Öffne Dich für diese feinen Energien.

6. Februar

Ein gleißender Komet gerät in Sichtweite zur Erde und macht sogar die Nacht zum Tage: Wenn Deine Seele zum immerwährenden Licht innen erwacht, dann findest Du Deinen Weg auch dann, wenn es draußen dunkel ist.

7. Februar

Beim Karneval nimmt der letzte Mann seine Maske ab, weil er von den Frauen dazu gedrängt wird: Du möchtest nicht von Dir aus anderen Menschen mitteilen, was Dir wesentlich ist; sprich es zumindest im Gebet an Gott aus.

8. Februar

Ein Waldbrand auf Mallorca wird unter Kontrolle gebracht, bevor er das nächste Dorf erreicht: Manchmal brauchst Du erst ernsthafte äußere Probleme oder Bedrohungen, bevor Du Dich dazu aufraffst, etwas zu unternehmen. Säume nicht mehr!

9. Februar

Ein einsamer Schwan zieht über einem stillen See ruhig seine Kreise, bevor er mit einer Botschaft herniederkommt: Erst, wenn Dein Gemüt still geworden ist, können die Botschaften der Engel Deinen Geist erreichen.

10. Februar

Eine Familie ist traurig, dass ihr Besuch wieder abreist: Versuche, Erfüllung nicht mehr im Außen zu finden, sondern suche sie dort, wo Du immer Ansprache findest: beim inneren Lichtführer.

11. Februar

Kinder spielen in ihrer Kuschelecke mit Stofftieren: Du erfährst die Wärme und die Fülle des Lebens, wenn Du Dich einfachen Herzens auf Dein Schicksal einlässt.

12. Februar

In einem Zirkus vollführen die unterschiedlichsten Tiere die erstaunlichsten Dinge: Wenn Du Dich einer (Deiner) Aufgabe mit aller Konzentration und Hingabe widmest, hast Du Erfolg!

13. Februar

Ein altes Pärchen findet eine gemeinsame Seelenebene jenseits weltlicher Leidenschaften und beginnt, ihre neugefundene Weisheit zu lehren: Partnerschaft erfüllt sich, wenn sich zwei Menschen nicht gegenseitig

in die Augen schauen, sondern gemeinsam Gott an-
blicken; versuche es!

14. Februar

*Am Äquator zerspringt eine Larve und gibt einen
farbigen Schmetterling frei, der unsicher aufflattert:*
Auch wenn die Ebene oberhalb des Körperbewusst-
seins zunächst noch ungewohnt ist, kannst Du erst
als Seele wirklich fliegen. Du musst Dich dahin entwickeln, das ist Deine Lebensaufgabe.

15. Februar

*Ein Automechaniker überprüft die Batterie eines Au-
tos:* Du hast das Talent, spirituelle Einsichten aufzunehmen und anderen Menschen mitzuteilen; wirke
aus der höchsten Energie, zu der Du Zugang gewinnen kannst.

16. Februar

*Auf einem staubigen Fenstersims zwischen alten Bü-
chern steht ein Blumentopf mit blühenden Veilchen:*
Bücherwissen hilft Dir ein gutes Stück weiter, es gibt
aber einen Zeitpunkt, an dem nur deine eigene lebendige Erfahrung des Erwachens Dich wirklich weiter-
bringen kann.

17. Februar

*Vor der Hütte sind noch reichlich Holzscheite gesta-
pelt, um den Rest des Winters einheizen zu können:*

Durch Vorausschau und sinnvolle Einteilung von Kraft und Zeit gelingt es Dir, Dein Leben kreativ und erfolgreich zu gestalten.

18. Februar

Über Babylon schwebt ein Reigen weißer, blauer und roter Engel: Über allen, auch gegensätzlichen, menschlichen Interessen gibt es ein gemeinsames Band – die Engel, die Körper, Gemüt und Verstand so leiten und schützen, dass Du zum Seelenbewusstsein erwachst.

Der Fisch
und seine Engel

19.2.–19.3.

**Der Tierkreiszeiche-
nengel ist Barchiel.**
Finde die rechte Balan-
ce zwischen dem, was
Du gibst und was Du emp-
fängst.

Der Engel Deines Tierkreiszeichens, Barchiel, überbringt Dir die
Botschaft des «Ich glaube». Finde
in Deinem persönlichen Glauben
eine harmonische Balance zwischen
dem, was Du gibst, also glaubst, und
dem, was Du erfährst, also erhältst.
Glauben ist ein wunderbarer erster
Schritt, eigene spirituelle oder mystische
Erfahrung der notwendige zweite.

Dein Schutzengel ist der Engel der Unschuld.
Gehe zum Ort der Unschuld der Seele, zum dritten
Auge, und finde dort wahren Frieden.

Dein Wesensengel ist der Engel des Mitgefühls.
Du spürst oft, was andere Menschen bewegt. Bleibe
dabei aber in Deiner eigenen Mitte – nur so kannst
Du ihnen helfen. Bewahre Dir Dein mitfühlendes
Herz, aber erlaube anderen Menschen nicht, in ihrer
Blindheit oder Rohheit, Dein Herz zu verletzen.

**Dein Liebesengel ist der Engel der Unterschei-
dungskraft.**
Entwickle die Gabe, Situationen, Menschen und An-
gelegenheiten auch «von außen» zu betrachten, um
eine objektivere Perspektive zu gewinnen.

❧ • ❧

19. Februar
*An einem Samstagvormittag wird Markt gehalten,
viele Menschen kommen, es gibt heiße Maroni:* Jedes Leben folgt einem Zeitgesetz. Bereite Dich auf
das ewige Leben der Seele vor, solange Du noch im
menschlichen Körper bist.

20. Februar
*Ein Eichhörnchen entkommt dem Jäger, weil es spürt,
wo dieser es fangen will:* Dein Selbsterhaltungstrieb
kann Dich noch in diesem Leben dazu bringen, das zu
suchen, was den «zweiten Tod» überwindet. Du wirst
es mit Hilfe der Engel finden!

21. Februar

Eine junge Frau schaut mit sehnsuchtsvollen dunklen Augen zum Himmel, als ob sie einen Engel von dort erwartet: Du brauchst nur mit den Augen der Seele beginnen zu sehen, um das Licht und die Boten der göttlichen Liebe wahrzunehmen.

22. Februar

Ein versteinerter Wald lässt den Reichtum der uralten Flora ahnen: Du bist unsterblich, nicht als Körper, sondern als Seele, als Spirit, als bewusstes Sein. Finde Deine Seele, lebe als Seele und erfülle damit den Sinn Deines Lebens.

23. Februar

Autoschlangen auf der einzigen Straße zu einem sonnigen Skiziel bringen den Verkehr zum Erliegen: Die äußeren Straßen mögen verstopft sein, Dein Weg zum Ort des Friedens im Inneren, zum «dritten Auge», ist nie blockiert.

24. Februar

Zu einem Wohltätigkeitsball versammeln sich viele Menschen in einer Kirche: Du sollst aktiv mit dazu beitragen, aus Hoffnungslosigkeit neue Zuversicht werden zu lassen, und gemeinsam mit anderen eine bessere Welt zu schaffen.

25. Februar

Bei Sonnenuntergang findet eine Parade von Män-
nern statt, in den schönsten Uniformen, jedoch
ohne Waffen: Entdecke das Geburtsrecht des «verlorenen Sohnes», der jederzeit, auch am Ende seines
Lebens, zu Gott zurückkehren kann, allerdings ohne
die «Waffe» seines Egos, also in Demut.

26. Februar

Durch den Nebel über einer Steilküste ragt ein
Leuchtturm heraus und sendet seine Lichtzeichen:
Inmitten des scheinbar chaotischen Lebens kannst
Du die Übersicht bewahren und Deinen Geist auf das
Wesentliche konzentrieren.

27. Februar

Ein Pfadfinder bläst ein Signal zum Sammeln: Höre
auf den Schrei Deiner Seele, die Dich zu Höherem
aufruft. Wende Deine Aufmerksamkeit regelmäßig
nach innen.

28. Februar

Bei einem Pferderennen über eine lange Strecke ge-
winnt die einzige Frau, die als Jockey mitreitet: Ein-
fühlsame weibliche Energien können oft rascher zum
Ziel kommen, als drängende männliche Kräfte. Entwickle die weibliche Energie!

29. Februar

Ein Segelflieger startet zu einem Höhenflug, um neuer Meister der Lüfte zu werden: Du vermagst, die Probleme des Alltags zu überwinden und die Schwerkraft des Körpers abzulegen, wenn Du Dich zum Sitz der Seele erhebst.

1. März

Novizen werden vom Hohepriester ins Allerheiligste geführt, um dort den Grund für ihre Existenz zu erfahren: Ohne eine Seele, die das Rätsel des Lebens selbst gelöst hat, wirst Du dieses Mysterium nie enthüllen.

2. März

Sucher nach dem inneren Licht werden erst geprüft, bevor sie die Einweihung erhalten: Die Prüfung des Menschen auf dem Weg zu Gott besteht darin, dass er die Macht des Gemüts erkennen, und aus diesem schlechten Herrn einen guten Diener machen muss.

3. März

Das sagenumwobene Schwert Excalibur wird in einem Museum in einem Glasblock aufbewahrt: Wie lässt sich das symbolische Schwert aus dem «Körper» des Glasblocks lösen? Nicht durch Imagination oder Intellekt, sondern nur durch Meditation.

4. März

Ein König ruft seine Untertanen herbei, um jeden aus seinem Reichtum ein Geschenk aussuchen zu lassen: Sei wachsam und kritisch bei dem, was Du Dir wünschst, und benutze Deine Unterscheidungskraft, um das wirklich Beste anzustreben.

5. März

Unter einem Zeltdach spricht eine Seherin zu Tausenden von Menschen über die Sehnsucht der Seele und das Wunder des spirituellen Erwachens: Erkenne, dass Selbstermächtigung und Verwirklichung in Dir selbst bereits bestehen und nutze Impulse von außen, sie zu erwecken.

6. März

Ein Heiliger schenkt suchenden Seelen einen Blick aus seinen gottberauschten Augen: Wenn Du einer für Gott erwachten Seele begegnest, beurteile sie nicht nach ihrem Äußeren, sondern nach der Liebe und Kraft ihrer Augen.

7. März

Ein Bauer kehrt nach getaner Arbeit still heim, und setzt sich zum Abendbrot nieder: Tue Dein Bestes, den Rest aber überlasse Gott, und nimm dankbar und fröhlich das an, was das Leben Dir gibt.

8. März

Ein Kind füttert liebevoll ein weißes Lämmchen:
Gehe auf das Leben mit einem reinen Herzen zu, aber
werde auch offen für die Entwicklung bewusst ange-
nommener Verantwortung und für die aktive Gestaltung Deines Schicksals.

9. März

*Auf dem Berge Sinai erhält Moses zwei Gebote: Lie-
be deinen Gott und Liebe deinen Nächsten wie dich
selbst:* Liebe fängt damit an, dass Du entdeckst, wer
Du selbst bist und das an Dir akzeptierst und liebst,
was göttlich und ewig ist.

10. März

*Ein englisches Channel-Medium ruft Geister herbei,
die sich als Lichtgestalten manifestieren:* Verwechsle
magische Kräfte nicht mit der höchsten Wirklichkeit;
prüfe, was Dich in Deinem Leben ganzheitlich vor-
wärtsbringt.

11. März

*Auf Gomera vor der afrikanischen Küste bauen eine
Schar von Aussiedlern eifrig und beglückt an einer
neuen Welt:* Du trägst in Dir die schöpferische Kraft,
ein reiches und beglücktes Leben zu führen, auch
wenn die meisten anderen Menschen das nicht verstehen können.

12. März

Ein neuer Papst führt den Vatikan zurück zu urchristlichen Prinzipien und predigt vom Menschen als Tempel Gottes: Es ist möglich, alte Strukturen zu reformieren und zum wahren Kern der religiösen Botschaft vorzudringen. Hilf dabei mit.

13. März

In südlichen Gefilden sitzen Menschen am Dorfrand und bewundern die dünne Mondsichel, die wie eine Barke unter der strahlenden Venus liegt: Suche und finde Muße, um im Stillen die Schönheiten des Lebens zu genießen und zu bewundern.

14. März

Ein Wissenschaftler untersucht die Strahlung des Weltraums mit Fernrohren und Radioteleskopen: Setze Deine mentalen Fähigkeiten ein, um Dir über Werte und Ziele klar zu werden, lass Dich dann von der Stimme Deiner Seele führen.

15. März

Vor den Augen eines Sehers entstehen aus Landschaftsformen Gesichter, die zu leben beginnen: In der gesamten Schöpfung lebt die Gotteskraft; entwickle Ehrfurcht und Hingabe an alle Lebewesen, die in dieser Welt ein vorübergehendes Zuhause gefunden haben.

16. März

Der Vollmond verwandelt sich in die Sonne, die Sonne in das Gesicht Buddhas, Jesu und Kabirs: Im Inneren gibt es Sternenhimmel, Mond und Sonne; wenn Du durch die innere Sonne gehst, kommt Dir ein Engel in seiner strahlenden Lichtgestalt entgegen.

17. März

Erstes Grün bricht durch die braune Erdkrume nach oben zum Sonnenlicht: Werde achtsam für die feinen Impulse der Seele in Dir, die Dich anregen wollen, Dein Gesicht der geistigen Sonne zuzuwenden.

18. März

Wenn der Büffel wieder über die Prärie stampft, wenn der Wolf wieder in den Bergen jagt, lebt der Geist der Natur: Auch Tiere haben einen «Gerichtshof»; was wir ihnen antun, ist nicht im Sinne des Schöpfers; achte das Leben der Tiere.

19. März

Licht bricht sich in einem Prisma und leuchtet in unzähligen Farben: Die Vielfalt, die wir im Leben erfahren – Erlebnisse, Gedanken, Gefühle, Hoffnungen, Prüfungen und so fort – entsteht aus einer «unsichtbaren» Einheit. Das ist und bleibt unsere geheimnisvolle Quelle von Bewusst-Sein.

Sprich
aus der Ferne ...

Die Welt ist meine See,
der Schiffmann Gottes Geist,
das Schiff mein Leib,
die Seel' ist's, die nach Hause reist.
— Angelus Silesius,
Der Cherubinische Wandersmann

Meditation ist kein Mittel zum Zweck.
Sie ist sowohl das Mittel als auch der Zweck.
— Jiddu Krishnamurti

Gibt es eine Möglichkeit, gibt es eine Notwendigkeit, über die Sphäre der Engel hinauszugehen, um aus noch höheren als den ja schon überaus wunderbaren Engelkräften zu leben und damit zu arbeiten?

Die Engel und ihre Kräfte belegen die Existenz einer noch höheren Dimension. Wie können wir aber Zugang zu dieser noch feinstofflicheren oder spirituelleren Ebene des Bewusstseins gewinnen? Ist dies Menschen überhaupt möglich? Heilige, Weise, Seher, Mystiker und Propheten aller Kulturepochen und Kontinente beantworten diese Frage mit einem eindeutigen: Ja!

Ihren Berichten zufolge gibt es nicht nur eine Chance, sondern sogar den Auftrag an jeden Menschen, von seinem Geburtsrecht Gebrauch zu machen, das Himmlische, das Göttliche in sich zu entdecken – in diesem Leben, noch vor dem Körpertod. Es geht dabei um nicht mehr und nicht weniger als die Verbindung mit dem *Heiligen Geist,* mit dem *Wort,* dem inneren Licht und der Sphärenmusik, mit Spirit selbst.

Die Bibel weist uns auf diesen Sachverhalt genauso hin wie die heiligen Schriften anderer Religionen. Das Neue Testament schreibt ausdrücklich:

- Wisset ihr nicht, dass ihr der Tempel Gottes seid und der lebendige Geist in euch wohnt?
- Es sei denn, dass ihr von Neuem geboren werdet, könnt ihr das Reich Gottes nicht erlangen.
- In ihm (dem Wort) war das Leben und das Leben war das Licht der Menschen. Das Licht scheinet in der Finsternis, aber die Finsternis hat's nicht ergriffen.
- Wenn dein Auge einfältig ist, wird dein ganzer Leib Licht sein.

- Tretet ein durch die enge Pforte, denn eng ist die Pforte und schmal ist der Weg der zum Leben führt ...

All diese Zitate sowie viele weitere Textstellen machen deutlich, dass es einen konkreten, praktisch erfahrbaren Weg in das innere Licht gibt, zur Verbindung mit dem Geist, der in unserem Körpertempel wohnt. (Mehr dazu in meinem Buch «Was lehrte Jesus wirklich?», Darmstadt 2007.)

Es gibt eine altüberlieferte Meditationsweise, die zum inneren Licht und Klang führt und es möglich macht, zeitweise das Körperbewusstsein teilweise oder ganz zu verlassen, um in die inneren Welten einzutreten. Diese inneren Welten sind voller Wunder, die uns nach und nach enthüllt werden. Swedenborg beschrieb einige dieser Wunder, aber ohne den Zugang nach innen nachvollziehbar zu erklären. Diese Meditation wird heute u.a. unter dem Begriff *Wissenschaft der Spiritualität*, *Surat Shabd Yoga* oder *Sant Mat* gelehrt, heutzutage vor allem von Nachfolgern nach dem Meister Hazur Baba Sawan.

Der christliche Mystiker Angelus Silesius schrieb bereits:

Wer seine Sinne ins Inn're hat gebracht,
der hört, was man nicht red't und siehet
bei der Nacht.

Wer es also zuwege bringt, die Aufmerksamkeit nicht mehr über die äußerlich-körperlichen Sinnesorgane in die Welt des irdischen, vorübergehenden Scheins zu richten, sondern in die Wunderwelten des inneren Kosmos, der wird mit den Augen der Seele sehen und mit den Ohren der Seele hören können.

Erfahrungen des sogenannten Jenseits, der inneren Dimensionen, sind allen Menschen möglich, die sich unter sachkundiger Anleitung und Führung nach innen wenden. Es ist nicht nur das Erbrecht, sondern sogar der allererste Zweck des menschlichen Lebens, diese Verbindung, diese Re-ligion, also Rück-Verbindung der Seele zum Göttlichen in uns zu erfahren.

> **Sprich aus der Ferne,**
> *Heimliche Welt,*
> *Die sich so gerne*
> *Zu mir gesellt!*
>
> *Wenn das Abendrot niedergesunken,*
> *keine freudige Farbe mehr spricht,*
> *Und die Kränze still leuchtender Funken*
> *Die Nacht um die schattichte Stirne flicht:*
> *Wehet der Sterne*
> *Heiliger Sinn*
> *Leis durch die Ferne*
> *Bis zu mir hin.*
> *...*

Wenn der Mitternacht heiliges Grauen
Bang durch die dunklen Wälder hinschleicht
Und die Bäche gar wundersam schauen,
Alles sich finster, tiefsinnig bezeugt:
Wandelt im Dunkeln
Freundliches Spiel,
Still Lichter funkeln,
Schimmerndes Ziel.

Alles ist freundlich wohlwollend verbunden,
Bietet sich tröstend und trauernd die Hand,
Sind durch die Nächte die Lichter gewunden,
Alles ist ewig im Innern verwandt.
Sprich aus der Ferne,
Heimliche Welt,
Die sich so gerne
Zu mir gesellt!

   – Clemens von Brentano, Sprich aus der Ferne

Anhang

Literaturhinweise

Gustav Davidson, *A Dictionary of Angels.* New York 1971, Library of Congress Catalog, Card Number 66-19757.

Paola Giovetti, *Engel – Die unsichtbaren Helfer der Menschen.* Genf/München 1993.

Wulfing von Rohr, *Die Kraft der Engel – Dein liebevoller Begleiter durch ein lichterfülltes Jahr.* CH-Neuhausen 1996.
ders., *Die Kraft der Engel – Engelkarten,* 60 Engelkarten mit Anleitung; mit Illustrationen von Gayan S. Winter. CH-Neuhausen 1995.
ders., *Was lehrte Jesus wirklich? Eine verborgene Botschaft in der Bibel.* Darmstadt 2007.

Darshan Singh, *Liebe auf Schritt und Tritt – Die Wunder deiner inneren Welt.* Münsingen/Bern 1991.

Emanuel Swedenborg, *Er sprach mit den Engeln – Ein Querschnitt durch das religiöse Werk von Emanuel Swedenborg,* ausgewählt und bearbeitet von Dr. Friedemann Horn. Zürich 1993/1994.

Terry Lynn Taylor, *Warum Engel fliegen können.* München 1994; (die Antwort auf die Frage des Titels lautet übrigens: «Weil sie sich selbst leicht genug nehmen!»)

Kontakt zum Autor

E-Mail: wulfing@gmx.at
Webseite: www.wulfingvonrohr.info

Standardwerke der Astrologie

WULFING VON ROHR

Die Horoskopuhr für jedes Lebensalter und andere Zeitschlüssel in der Astrologie

Neue und klassische Methoden
128 Seiten, Hardcover

ISBN 3-89997-112-4

Eine praktische Anleitung zur Vorschau von Zeitrhythmen, Zeitpunkten und Ereignissen mit der neuen Methode der „Horoskopuhr" des vorgeschobenen Aszendenten. Darüber lernen Sie andere einfache Prognosetechniken kennen wie dem Planetenkalender oder die Planetenabfolge, mit der Sie schnell eine Blick in die Zukunft erhalten. Ergänzt wird das Buch mit einer Einführung in klassische Prognosemethoden und einer Diskussion der unterschiedlichen Häusersysteme. Mit Deutungshinweisen zu allen Graden des Tierkreises und zu wichtigen Fixsternen.

„Traditionelle Prognosemethoden sind Progressionen, Direktionen, Transite und das Stundenhoroskop – diese Horoskopuhr für jedes Lebensalter wird von ihm ausführlich erläutert. Jeder ist sofort in der Lage, die Aussagen des Autors auf Wahrhaftigkeit an seinem eigenen Horoskop zu überprüfen. Wertvolle Literaturhinweise im Anhang wirken wie moderne Navigationssysteme. Eine Vertiefung der persönlich bevorzugten Themen kann dadurch rasch erfolgen."

Astrologie Heute Nr. 115

CHIRON VERLAG

Standardwerke der Astrologie

DANE RUDHYAR

Die Astrologie der Persönlichkeit

*Ein neues Verständnis astrologischer
Konzepte in bezug auf zeitgenössische
Philosophie und Psychologie.*

442 Seiten, Broschur

ISBN 3-925100-63-6

Dane Rudhyar gilt als der Begründer der modernen psychologischen
Astrologie. Astrologisches Denken steht immer in Zusammenhang
mit unserem Bild der Welt, unserem Verständnis des Menschen und
seiner Natur. In diesem Klassiker der modernen astrologischen Li-
teratur gelingt es Dane Rudhyar, die uralte Weisheit der Astrologie
und ihrer Symbole mit dem ganzheitlichen Denken der Neuzeit zu
verbinden.

Rudhyar erklärt die Bedeutung der Häuser und Zeichen, indem er
traditionelle und ganzheitliche Interpretationen gegenüberstellt. Er
zeigt die Wechselbeziehung zwischen Astrologie und Kabbala auf,
vermittelt ein klares Verständnis der Transite und Progressionen und
erläutert ausführlich alle sabischen Symbole der 360 Tierkreisgrade.

*Rudhyars »Astrologie der Persönlichkeit« ist mehr als nur ein Klassi-
ker der Astrologie – für mich ist es einer der bedeutendsten Meilenstei-
ne in der Entwicklung einer astrologischen Philosophie ... Mit einer
unübertroffenen Tiefe und spirituellen Klarheit versteht es Rudhyar,
das Wesen der Astrologie vor dem Auge des Lesers zu entfalten.*

Christopher Weidner in astronova Mai/ 2004

CHIRON VERLAG

Standardwerke der Astrologie

BERNHARD BERGBAUER

Der Geburtsherrscher im Horoskop

120 Seiten, Hardcover, 13 Abbildungen
ISBN 978-3-89997-161-3

Schon seit alters her wird in der Astrologie die Ansicht vertreten, dass es im Horoskop einen dominierenden Planeten gibt, den sogenannten Geburtsherrscher. In der klassischen Astrologie wurde jedem Planeten eine eigene Sphäre zugesprochen und zu jeder Sphäre gehörte auch ein Engel. Im Geburtsherrscher sah man also einen astrologischen Schutzengel, der bei allen Lebensphasen immer einen entscheidenden Einfluss ausübt. In diesem Buch erfahren Sie alles über die Hintergründe, die Berechnung und Deutung Ihres Geburtsherrschers.

»Das Buch ist präzise und verhilft mit einer einfachen Methode sehr schnell zu einer tiefsinnigen Deutung. Es ist für Astrologen aller Richtungen empfehlenswert zu lesen, weil darin auch die klassische Methode der Würde sehr gut behandelt wird.«
Oscar Hofman in: Meridian 6/2008

CHIRON VERLAG

Standardwerke der Astrologie

ERIN SULLIVAN

Astrologie der zweiten Lebenshälfte

Die Chance, bei sich selbst anzukommen

321 Seiten, Hardcover, 14 Abbildungen

ISBN 978-3-89998-155-2

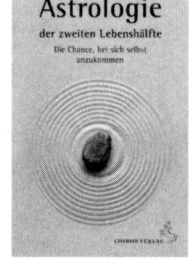

Ein Leben ist dann ein erfülltes, wenn das
Ende etwas mit dem Anfang zu tun hat. In
der Mitte des Lebens begegnen wir tiefgreifenden Veränderungen
in unserer Psyche. Man spricht auch davon, dass wir in dieser Zeit
zu unserem bislang nicht gelebten Leben wechseln. In diesem Buch
analysiert die Autorin tiefschürfend die Herausforderungen, die uns
in der Lebensmitte begegnen. Allerdings sieht sie darin nicht in erster
Linie den beginnenden körperlichen Niedergang. Vielmehr erleben
wir in diesem Lebensabschnitt die Metamorphose zur vollen Reife.
In diesem Buch erfahren Sie, welche Planetenzyklen zu welchem
Zeitpunkt in der zweiten Lebenshälfte eine bestimmende Rolle ein-
nehmen. Vor allem aber zeigt die Autorin Ihnen, wie Sie Ihr Leben
gerade nach dem Übergang noch bewusster gestalten können, um
ganz bei sich selbst anzukommen.

»Das Buch dient nicht nur der eigenen Biografiearbeit oder Zukunfts-
planung. Es ist auch für die Beratung und das Verständnis für die Si-
tuationen älterer Klienten sehr wertvoll. Kein Buch, das man einmal
liest und weglegt. Vielmehr ist es ein ausführliches Nachschlagewerk,
das man immer wieder in die Hand nehmen kann, das den Leser in
den unterschiedlichen Lebensphasen begleitet und bei der Lebens-
bewältigung unterstützt.«

Astrologie Heute Nr. 135

CHIRON VERLAG

JESSIE ADLER GRAL

Ein Planet kommt selten allein

*Die 19 aufregendsten Partnerverbindungen
und wie Sie mit Astrologie
Gewinn daraus ziehen*

*428 Seiten, Hardcover,
ISBN 978-3-89997-198-9*

Dies ist ein Buch über stark herausfordernde
Planetenkombinationen und ihre gelungene
Bewältigung. Wieso verwandelt sich der
menschenfreundliche Uranus in einen klirrenden Eiszapfen, sobald
der Mond von kleinen Kindern zu schwärmen beginnt? Und wird die
grandiose Sonne wirklich Saturns Unterhosen bügeln? Was passiert,
wenn der robuste Pluto mit dem unkonventionellen Uranus auf den
Presseball geht? Stellen wir uns einfach für den Augenblick vor, die
Planeten unseres Sonnensystems wären Menschen wie du und ich …
Gerade dadurch wird dieses Buch zum reinsten Lesegenuss. Behandelt
werden die Lebensbereiche öffentliches Auftreten, Kommunikation,
Gefühle, Erotik, Sexualität und Karriere. Es geht der Autorin jedoch
nicht nur darum, den unfreiwilligen Humor, den das Leben schreibt,
darzustellen. Sie beschreibt die auftretenden Konflikte, erläutert dann
aber aus astrologischer Sicht, wie Sie diese Situation auflösen und dabei
höchsten Gewinn daraus ziehen können.

*»Es macht Laune, ihren anekdotischen, typisch zwischenmenschlichen
Geschichten und Alltagsbeobachtungen zu folgen. Wer da mit wem
kann oder möchte oder auch nicht, wohin uns die partnerschaftliche
Sehnsucht treibt und wo wir stranden. All dies und noch viel mehr wird
stilistisch locker aufbereitet und klug analysiert.* Astrologie Heute

CHIRON VERLAG

Standardwerke der Astrologie

LIANELLA LIVALDI LAUN

Den eigenen Lebensplan bewusst gestalten

Das Horoskop als Entwurf der Seele

123 Seiten, Paperback, 23 Abb.,
ISBN 978-3-89997-196-5

Der Moment der Geburt, welcher im Horoskop symbolisch dargestellt wird, zeigt einen
Entwurf, der im Lauf des Lebens realisiert
werden soll. Umwelt, Mitmenschen und Erfahrungen passen zu den
Bedürfnissen der Seele. Sie stellen die Bedingungen dar, die dem seelischen Wachstum und der individuellen Entwicklung dienen. Karma
und Charakter sind demnach zwei Seiten der gleichen Medaille. Karma
ist aber nicht als Strafe für die Verfehlungen der vergangenen Leben zu
bewerten. Vielmehr sind wir aufgefordert, das Horoskop bewusst zu
leben, da die konkreten Erfahrungen nicht vorherbestimmt sind. Denn
Ihr Leben hat nur einen Sinn, wenn Sie den im Horoskop angelegten
Plan verwirklichen.

*»Beeindruckend, dass sie ihre karmische Weltsicht vertritt, ohne jemals
mit dem Schuldbegriff zu operieren. So schreibt sie: ›Für den Geist gibt
es weder positive noch negative Erlebnisse, eine Erfahrung ist für ihn
richtig, wenn sie lehrreich ist.‹«* Meridian 5-11

CHIRON VERLAG